你只需比昨天的自己更好

曾丽佳 著

YOU JUST HAVE TO BE BETTER THAN YOU WERE YESTERDAY

没有一天更比一天好 / 如何遇见更好的自己

中国铁道出版社
CHINA RAILWAY PUBLISHING HOUSE

图书在版编目（CIP）数据

你只需比昨天的自己更好/曾丽佳著.—北京：中国铁道出版社，2017.9

ISBN 978-7-113-23034-0

Ⅰ.①你… Ⅱ.①曾… Ⅲ.①成功心理－通俗读物 Ⅳ.①B848.4-49

中国版本图书馆CIP数据核字（2017）第093590号

书　　名：你只需比昨天的自己更好
作　　者：曾丽佳　著

责任编辑：吕　芠　　**读者热线电话：**010-63560056
责任印制：赵星辰　　**封面设计：**MXK DESIGN STUDIO

出版发行：中国铁道出版社（北京市西城区右安门西街8号　邮政编码：100054）
印　　刷：中煤（北京）印务有限公司
版　　次：2017年9月第1版　2017年9月第1次印刷
开　　本：880mm×1 230mm　1/32　**印张：**8　**字数：**189千
书　　号：ISBN 978-7-113-23034-0
定　　价：45.00元

前言

闺蜜问我，丽佳，你过得幸福吗？我心里为之一动，在问自己是不是幸福。而立之年的我，日子过得忙碌而充实，这也算一种幸福吧。

朋友聚会上，发现不少朋友都在一线城市打拼，对他们来说能在大城市拥有自己的住房，就是幸福；能找到如意的终身伴侣，就是幸福；能看着孩子慢慢成长就是幸福……幸福有多种多样，不过在获得“幸福”的路上，并不是那么让人舒心。为了幸福，放弃了在阳光下喝茶，放弃了在窗前安静地读书，放弃了郊外的游玩，放弃与朋友一起聊天，如此不一而足。

我们这些时间花在工作上会产生金钱上的价值，但价值不只此一种。

不妨我们一起静下来，停下来，慢下来，来品味世间的美好。这样我们就能静下来了，去分析我们自身，让心灵得到滋养，给心灵安个家。

当我们遇到困境时，我们不用急着去反抗、反对，相信一切都是最好的安排。我们在自己的风景线中画出自己完美的抛物线。当然，这不是说让我们停下来，我们在需要努力的时候也不能选择安逸。趁我们还年轻，我们不空谈理想，不空谈目标。先让自己有根基，再寻求舒服的日子。我们要做得出色，过得精彩。

人生的旅途不止前进，还有后退。当我们错过风景的时候，当我们回忆起过去的时候，我们可以选择坚持，也可以选择忘记。世间的美景太多，要摘取的也太多，但是属于我们的也只有那一片，那一朵。何必太多呢?太多了，我们也来不及欣赏，只能成为匆匆赶路的人。

我们追求的太多，想要的太多，让灵魂不断地奔跑，没有片刻的休息。如果长期如此，我们的灵魂是要生病的。我们担心得太多，担心我们做错，担心我们做得不完美，担心这个世界将自己忽视，如果我们一直这样担心、焦虑，那么世界就不会忽视我们，但是我们将自己的内心感受忽视掉了。

无论我们错过、怕过、后悔过、焦虑过，从这一刻起，我们就将此抛弃吧，迎接一个全新的自己。

这本书我谈的心灵修养，以下面三点为主线，慢慢剖析我们的过往，拂去心灵的尘埃。

以自己为风景，厘清现在：由于时代、机缘等原因，我们落后了，不得不仰视别人，但是仰视太久了，很容易因为看不到地面而踩进了深坑。所以我们需要以自己为风景，厘清现在。

年轻只奋斗，不谈理想。为什么不去奋斗呢？因为奋斗的确是件很苦、很孤独的差事。但是既然选择做了牛人，自己想要的辉煌，哭着也要战斗。

幸福从来没有离开过，只是眼睛近视了：为了结果，我们快跑，为了不掉队，我们开始后悔，然而，幸福跑哪儿去了？幸福很简单，痒的时候挠一下，渴的时候喝杯水，就是如此简单。

目录

你只需比昨天的自己更好

Be your better self

第一章 年轻是本钱，但不努力不值钱

别和我谈理想

理想是个什么东西？有人说，理想就是让妖精流了半碗口水，还吃不到的唐僧肉。

2014 年 9 月 16 日，清华大学开学。有位新生 32 岁，他叫吴善柳。

他是广西钦州市唯一一位参加过十次高考的人。自 2007 年起，他连续复读了七年，最终以 680 分的成绩夺得钦州市理科状元，被清华大学录取。

吴善柳曾考取过北京大学、北京师范大学、南开大学、中山大学等名校，但都放弃了。如今被清华大学录取，吴善柳并没有感受到很强的荣誉感。用他的话说就是："我就像一辆已经长期偏离轨道的列车，考入清华终于可以回到正轨。"

看到许多比自己小十几岁的同学在谈理想、谈人生规划，他选择边走边看。他坦言："我连明天要干什么都不知道，怎么能把蓝图画到四年或者十年之后呢？还是边走边看吧！"

其实吴善柳心里，"现实"两个字最接地气："一个人现实了，自然就会很理性；理性了，对问题的看法才能比较成熟。"

吴善柳的理性是有原因的。之前他每年会去广东的电子厂打工几个月，高考前两三个月再回到家复习备考。

对他来说，最辛苦的还是打工的生活，高考与之相比是太轻松了。他在电子厂每天要工作超过十二个小时，有专人监督着，有产品计件的压力，整个人连轴转根本停不下来。他说："如果你这样打过工，就不会再谈理想，不会再有那种浪漫的想法。"

白岩松说："不要总谈理想，为什么总谈理想？我现在很怕谁天天嘴上挂着理想，我想问的是你的事干得还可以吗？如果所有人都是理想主义者，像一把火，会烧掉这个世界的。如果你的任何活都是摁倒葫芦起了瓢，周围人都要给你擦屁股，你还天天嘴上谈理想主义，我觉得那是空想主义，那就是混混。"

"我想做"和"我在做"从来都是两码事，很少人把这两码事混为一谈，但是又视而不见。

奇虎 360 董事长周鸿祎发现硅谷的创业者与国内的创业者思维模式有很大区别。

2013 年，他接触到了一些硅谷的创业者。他有三个震撼：第一，有些人会有形形色色的"奇怪"的想法，甚至是很匪夷所思。你会发现，他们很注重跟别人不一样。第二，每个创业者都是产品经理。创业者津津乐道地跟你谈他新做的一个产品，每个人都是产品经理。第三，颠覆精神。一个毛头小伙子，十八九岁，他感觉能改变世界，能干掉今天的某家大公司。

而国内创业者喜欢谈概念，例如：O2O、可穿戴设备等。周鸿祎认为概念是最令人乏味的东西，因为概念都是正确的废话。概念正确并不代表产品正确，也不代表消费者会购买你的产品。周鸿祎说：“硅谷的产品经理精神，你可能会说他太务实，太实用主义，没有战略，但任何伟大的公司都是从一个产品开始的。”

硅谷的创业者在意的是产品能解决用户什么问题，而不是背后的理念。别人送一只鸡蛋，许多人不由自主就往宽里想。鸡蛋生鸡，鸡生鸡蛋，子子孙孙无穷尽也。假以时日，必能拿着鸡蛋换航空母舰。这就是经不起推敲的理念。

著名作家奥格·曼狄诺曾说：“我的幻想毫无价值，我的计划渺如尘埃，我的目标不可能达到。一切的一切毫无意义——除非我现在就开始行动。”宏大的愿景，不需要描绘得很大，但是要挖掘得足够深。这不是狗熊掰玉米，掰一个扔一个，而是老汉栽玉米，栽一棵成一棵。

不要轻易给人生下定义

人活着不过 3 万天而已，过一天少一天，闲聊 7 天的人生，就是少了一周。高秉涵说：“在我们来说，没有深夜痛哭过的人，不足以谈人生。因为我们流浪过，曾长夜痛哭过。”

柴静曾经采访了一个老人，他就是高秉涵。1945 年，13 岁的他瘸着腿被迫迁徙到了台湾。那时的他，晚上睡在火车站的凳子上，白天一瘸一拐地和野狗在垃圾堆里抢吃的。

有一年，他收到第一封家书，不过妈妈已经去世一年了。弟弟说：“自从你离开家以后，我们家里几乎没有笑声。除夕晚上这一餐，妈妈几乎没吃过饭。都是泪流满面，在妈妈旁边，餐桌上放一个碗放一双筷子，留给你，‘春生（高秉涵小名），不管你活着没活着，过年了，你就陪妈妈再吃一餐吧。’”妈妈去世后，在她枕头底下有两样东西，一样是他幼年的小照片，另一样是为他做过的小棉袄。当年给高秉涵做这件小棉袄时，母亲常哼唱的旋律，就是“冷风兮兮，冷雨凄凄，流浪的人儿需寒衣”。

后来，台湾允许到大陆探亲。他几经周折，找到了家。地下室的墙上，母亲穿过的湖蓝色绸衣，一直挂在墙上，衣襟胸口处有当年留下的一粒斑点，他连洗都不舍得，怕丢掉一根丝。80 岁的他像小孩一样，每天都到地下室用头顶顶母亲那件衣服。

有人谈人生，总是把人生升华，再升华，结果人生被升华到天上，摔死了。其实，人生无非是由鸡毛蒜皮的小菜组成的主菜，何必要让主菜忘记自己是小菜的本。

整天谈人生的多是想不开的人，世事如此，为何要奢求。有一次路上，司机说："谁要是想不开就让他到火葬场参加追悼会去。"大家纷纷点赞，可见人们对这件事情是很认可的。

无论你是平头百姓还是达官贵人，是一贫如洗的穷人还是像乔布斯一样的亿万富翁，是德高望重的社会名人还是租住在拥挤的城中村的小百姓，最终还不是在同一个地方开追悼会，程序大同小异，不外乎念悼词、默哀、放哀乐、向遗体告别而已。

走出告别厅，各自忙着自己的事去。家里人哭哭啼啼地看着自己的亲人的遗体化作一缕袅袅的青烟在天空中随风飘散，可以见到的就是一捧慢慢变凉了的骨灰。不管死前多么得轰轰烈烈、红红火火，最终都变得冷冰冰，装在一个不足 0.1 平方米的骨灰盒里，被放在一个小角落里。

乔布斯小时候被亲生父母遗弃，他在六七岁时就知道了。不过收养他的家庭给了他满满的爱，但仍不足以弥补他心灵上的伤害。正是如此，他没有安全感，总担心身边的一切不在自己控制的范围内。所以，他极力表现自己美好的一面，以掩饰心里的恐慌。

他的至爱是莱德斯，但他的妻子是劳伦。劳伦能容忍乔布斯的一切，包括不修边幅、吸食迷幻药，还有一些行为上的怪癖。

这位苹果公司的创始人，在公司如日中天的时候，永远地离开他掌舵的公司。

人生是用手脚去体验的，不是用嘴巴去说的。经历了才知道，谁经历谁知道。所以，不用把人生升华到三十六计、七十二招，就如很多事不用问值不值得，只用问，它对你来说，是不是你的宝一样。

有时候，我们给不熟悉的东西下定义，就像狗吃肉、猫吃鱼一样理所当然。其实，人生是没法定义的，因为只有盖棺才能定论。现在的很多人，今天分享人生道理、明天分享人生哲理、后天打算分享人生该不该讲理。看起来，他们庸庸碌碌，匆匆忙忙，充实得很。

但是注定那些道理、哲理，属于先哲，因为那是他们的故事。何必拿着自己的一辈子去复制别人的一辈子？

所以不要给人生轻易下定义。

不错！人都是逼出来的

《孙子兵法》说："置之死地而后生。"不少人的成功都是在没有退路的时候找到了出路。人的潜力是无限的，就像海绵里的水，只要愿意挤总还是会有的，有些人就是需要一点压力，才能激发出奋斗的动力来。只不过每个人在面对压力时的态度都不一样，有人会因为一次的失败就动摇了决心，有人就算屡败也要屡战，直到实现了自己的目标。

周鸿祎说："我认为所有成功的公司，都是被逼出来的，没有哪一个公司随便想一个主意，就可以顺顺当当地做下来；没有哪个公司随便写一份商业计划，就能拿到钱。没有竞争和整合，那么是不可能的，很多公司都遇到相同的情况，没有办法应对就要完蛋了。很多公司恰恰在这种情况下找到了变通的机会，例如你做了手机杀毒软件，我认为是很好的创意，也许你在手机上做成了 3721，控制了几千万手机的终端，走出了另外一条路。很多的公司没有碰到这种绝路，反而是没有意识到，逼他想办法。"

360 杀毒创始人周鸿祎曾经做 3721 网站时，最开始在北京郊区租了一个三居室，周鸿祎和他老婆住一间，员工住一间，公司办公一间。员工都没有工资，只有一个愿景：你跟着我做这个未来会怎样怎样……

最惨的时候，3721 所有员工就靠他老婆出去上班的工资吃饭。

一开始看不到任何盈利的模式，所有客户都会问“我为什么要买你的中文网名”这样的问题。周鸿祎说：“我就差给他们下跪说‘求你们买吧’了。”

周鸿祎说：“我有一个体会，很多从大公司出来的人创业不成功为什么？就是因为他们都是用大公司的一套，因为大公司有很多的资源，做事情都是假定环境很平顺。很多小公司，恰恰是又没有钱，又没有流量和人气，就逼得想出各种歪招、怪招，找出一条路。例如当初的 3721，大家说我做的渠道比较好，当年高瞻远瞩。我当时也想卖我的渠道，去找大的代理商，结果都不愿意买我的东西，我就到了绝路。我们光懂骂娘是没有意义的，逼我自己发展代理，我们没有做代理的经验，逼到这条路，我就走出去了。”

原来，发财——都是被逼出来的。当某件事情做不成你就会身败名裂、万劫不复的时候，你离成功就不远了。因为到这步你才会绞尽脑汁、无所不用其极。这恐怕是成功的重要原因呢?

马云在推销中国黄页时，有的公司把他当成骗子。推销失败的马云走在大街上，看着繁华的北京街头说：5 年以后，北京不会对我这样的。回去后，马云面对自己的团队，敲着自己家的墙说：你们的未来不是这样的一套房子，而是 50 套这样的房子！ 2014 年，他成为中国首富。

肯德基创始人桑德斯上校在年龄高达 65 岁时，还是身无分文、孑然一身，为了生存，带着炸鸡秘方四处敲门，历经 1 009 次失败之后，终于敲开了成功之门。他的成功是“逼”出来的；年轻时李嘉诚为了养活母亲和三个弟妹，14 岁就被逼辍学走上社会谋生，从学徒、工人、塑胶厂推销员一直“逼”到今天统领长江实业、和黄集团、香港电灯、长江基建等集团公司的大总裁，成为全世界华人最成功的企业家。他的成功也是逼出来的……上网百度一下，像他们这样被“逼”成功的人不胜枚举。

如果没有主编的催逼，记者可能不会半夜三更起来抢独家新闻；如果没有销售经理的一封封邮件、一场场会议、一个个电话，业务员们也不会跑断腿、穷其力完成下达的任务，他们可能就去斗地主、“修长城”了；如果没有出版社的连载，金庸先生的大作可能也没有那么多。

成功、进步，是因为被逼的！生活就是这样被我们的欲望、社会的压力、生存的危机逼着步步前进，不断向前！

俞敏洪小时候也被母亲“逼”过。他家祖辈种地，母亲从小就念叨着要他长大当个“先生”（老师），所以尽管她自己都不识几个字，却每天要求他做作业、读书。他没有取得上高中的资格，母亲就满世界去求人。后来他高考失败，她就鼓励他再考。最终，他被母亲“逼”着连考三年，最后考上了北大。俞敏洪说：“如果没有严厉的母亲，可能就没有今天的我。”

成功从来都不是唾手可得的。如果我们觉得在被“逼”着做某些事情时，不必为此感到无奈或懊恼，因为这些事情从长远来看也许不是坏事，比如被老板“逼”着工作，被同事“逼”着参加活动，被爱人“逼”着不断提高自己，被竞争“逼”着天天学习……也许，适当的逼迫能够把我们的惰性“逼”走，把我们的平庸“逼”走，把我们的勇气“逼”出来，把我们的前途“逼”出来，也把我们的成就感和幸福感“逼”出来。

不苦一辈子，但总会苦一阵子

人不会苦一辈子，但总会苦一阵子；许多人为了逃避苦一阵子，却苦了一辈子。

有一家网络公司的人事经理在招聘员工的时候，总是出同一个问题，让面试的人选择。

他说："现在公司有三类职位，不知道您愿意选哪一种？第一类是物业顾问，是所谓行销的；第二类是项目销售，是坐销的；第三类是行政文员类。"

有一位素质不错的刘女士，到他办公室面试，总监扫了一眼她的简历，就看透她了，不过还是让她叙述了一下，她一直做售楼员，4 年换了 3 个项目，中间休息了一年，现年 28 岁，来到我们公司，希望继续在项目上干接待客户的工作。

他每次都会让面试的女士挑，往往她们首先愿意干行政，其次是坐销，而挑行销的寥寥无几。即使我告诉她们物业顾问底薪最高，还有提成，未来还能当经理，转到行政部或项目部是很 easy 的事，她们仍然不会改变她们的选择。

她们的选择顺序，正好是与赚钱多少相反的。其实她们的选择顺序是按照工作的压力顺序来选择的，也就是说，她们宁可找一个，压力小的，稳定的，清闲的工作，即使赚钱少，升职机会小，发展难。可惜，这样的人，总监连行政部都不会录用她，因为她们根本没有事业心，也不会学习，除非现在公司恰好有个紧急的缺岗。

在最能吃苦的时候寻求了安逸，在最能学习的时候，谈了恋爱，因为她们的计划是 28 岁以前结婚生子，所以打扮、交友是她们全部的世界，当然了，享受青春的快乐时光，也是最吸引她们的，即使为此请假、辞职，也不会当回事。

张云霞现在是十多家子公司的董事长，创业 13 年，回首创业路，她说："其实，只是创业的初期吃苦多一些，公司走上正常轨道时没有再吃过什么大苦。"

19 岁，第一次离开父母，独自来到陌生的城市。对于张云霞，一切都是全新的挑战：安顿住房、打理生活。为了准时到就读的美发美容学校上课，每天早晨 5 点多起床，挤 3 辆公交车，路上足足花 3 个多小时才能到达。

后来，她在一家美发店担任技术指导："来理发的顾客往往在下班以后，经常要忙到晚上 12 点。"白天读书，课后工作，双休日如果遇到一早来美容美发的新娘，她必须在清晨 4 点以前做好准备工作，一天下来，两脚站得发胀。

当拖着一身劳累倒在床上，张云霞却总是兴奋得睡不着：再攒点钱，把爸妈从新疆接来；再学点技术，自己开公司，"每一天辛苦之后，距离梦想就像更近了一步。"

两年后，她承包了转制后的翡翠美发店。十多年苦心经营，一家小发屋发展为拥有多家连锁店、正式员工百余人的大型美容美发公司。

随后，她又着手筹建服装公司。第一批成品终于诞生，张云霞激动不已。迎接她的却是一盆冷水：这件有一朵花没绣好，那件一个钮洞开大了，10件衣服，最终只留下了合格的3件。怎么办？张云霞咬咬牙：质量标准不能降。调整工序，更换人手，重新选择合作厂家，服装的合格率上升了，品牌的知名度也打响了。

张云霞如实说：创业苦也就是前几年，学会吃苦，年轻人需要这点精神。

没有经历过饥饿的历史，你便不知道一粒米的可贵；不知道那些被太阳晒黑了皮肤的耕种者的可敬，当然更无从感受饿得头昏眼花者伸手乞讨的可悲和可怕。

没有经过寒流的抽打，你的血液里，你的骨髓中，就不能孕育出抗争的细胞。你必然十分脆弱，容易发抖，容易胆寒，周身缺少足够的热流和火焰，靠什么温暖爱人冻僵的脸庞和手指？

没有尝过寄人篱下的滋味，听不到风凉话，看不到冷脸，过多的奉承让你长出发育不全的性格，突然有一天，你背靠的大树倒了，你开始失宠；在坑坑洼洼的路上你绝对不如别人那样行走自如。

锤子手机创始人罗永浩创办过老罗英语培训机构，这创办之前他曾苦练英语，因为当时他还没有成为英语老师。老罗在前不着村后不着店的地方租了一个房子，一个灯泡，一张床，简单的一张桌子，几本英语书，这就是全部。对于老罗来说，当时的日子不可谓不清楚，每天清晨早早地起来，背英语单词。期间不少朋友劝他回到市里去，他不同意。就这样一天天坚持下来了。后来老罗英语培训一举成名，再后来锤子手机应运而生。

很多人缺乏吃苦精神，工作总爱挑三拣四，就像吃饭一样，挑食的人总是长不壮实，只有在做好本职工作基础上可以承担更多其他工作的人，才会更快得成长，才会更被老板器重。不要怕苦怕累，否则一生也无出头之日。做不好小事的人就一定做不成大事，所以不要小看每一件事。能做的就尽力做到最好。记住，对自己仁慈的人，就是同样对敌人仁慈的人，总有一天会被敌人干掉。

出问题先从自己身上找原因

曾子说："吾日三省吾身：为人谋而不忠乎？与朋友交而不信乎？传不习乎？""金无足赤，人无完人。"其意告诉我们，世界上没有十全十美的东西，任何事物总有它的长处和短处。而智慧来源于不断地学习，不断地思考，不断地自省。

有位年轻人向禅师诉苦说："我性格耿直，心直口快，处处得罪人。现在社会上的人不喜欢听真话，总喜欢阿谀奉承，虚情假意；未来的路不知怎么走，真希望远离这个世界。"随后，像打坐的禅师一样打起坐来。

禅师没说话，只是拿一块砖在他面前的地上磨。

年轻人忍不住问："禅师，您在干什么？"

禅师说："磨砖做镜。"

年轻人说："砖头怎么能磨成镜子呢？您开玩笑！"

禅师说："那我问你，你在干什么？"

年轻人说："打坐！"

禅师说："打坐为了什么？"

年轻人说："为了成佛！"

禅师说："砖头磨不成镜子，难道打坐就能够成佛吗？"

年轻人怔住了，问："怎么做才对呢？"

禅师说："譬如牛拉车，车不走，是打牛还是打车呢？"

年轻人说："当然是打牛了！"

禅师说："你现在明明就是在打车嘛！"

禅师说："我们自身是牛，客观条件就是车，是打牛还是打车，显而易见。"

《孟子》云："行有不得，反求诸己。"事情做不成功，遇到了挫折和困难，或者人际关系处得不好，不要怨天尤人，而要反躬自省，一切从自己身上找原因。

我们生活在世间，就像开车在路上，路直直着走，路弯就弯着走。发生交通事故，或者翻进沟里，就要反思自己操作不当。如果抱怨道路太曲折，是没有价值和任何意义的。外在的客观条件或许我们无法决定，而改变我们自己则是完全可以的。

真正的君子凡事都会从自己身上找原因，绝不会一味地去责备他人，这才是自我修养的途径。

有一个著名的企业家说："员工必须停止把问题推给别人，应该学会运用自己的意志力和责任感，着手行动，处理这些问题，真正承担起自己的责任来。"

亚伯拉罕·林肯说："逃避责任，难辞其咎。"在工作和生活中，有些人总是抱着付出较少、得到更多的思想行事。在这种情况下，不负责任的问题就出现了。如果他们能够花点时间，仔细考虑一番，就会发现，人生的因果法则首先排除了不劳而获，因此我们必须要为自己身上发生的一切负责。

董丽是一名卫生洁具推销员。她做上门推销，干了三天后，她去找经理："我一次也没有推销成功，那些人的态度都非常不好，我还没说两句话，他们就沉下脸，上门推销太难了。"

经理了解到这三天董丽确实没有推销出一套卫生洁具，就把她调到市场的销售专柜服务。

又过了几天，经理去销售专柜考察员工的工作情况，看见董丽还是一副愁眉苦脸的样子，就把她叫到一边问原因，董丽说："那些顾客故意刁难我，说明书上都有产品介绍，他们还让我具体说厨具的优点，并且要演示，还总追问售后服务是什么的，我哪里都清楚啊？现在的消费者真是越来越会刁难人！"

经理听完董丽的抱怨，叹了一口气说："这些都是别人的原因，难道就没有你自己的原因？凡事别总看别人，把眼光多放在自己身上，找出自身的原因。当抱怨别人的时候，完全看不到自身的毛病，问题一样得不到解决，先审视自己吧！这样才会增加你的意志力和责任感，试试让问题到你为止！"

听完经理的一番话，董丽顿时醒悟：凡事先从自己身上找原因，问题才能更快得到解决。

通过找自身的原因，董丽的工作态度、方法都有了很大改善，一个月下来，她已经成为小组中的佼佼者了。

既然"金无足赤，人无完人"，我们就要向像曾子一样反省自己。

美国前总统林肯在面临失败时曾说："这个世界上从来没有不犯错误、

不会失败的人。此路是如此破败不堪又容易滑倒，我一只脚打滑了，另一只脚也因此站不稳，但我回过神时，我就告诉自己，这只不过是滑了一跤，并不是死掉，我还能爬起来。”

我们只有把心性沉下，懂得如何思考，自己才能有更快的提升。并且还要学会面对失败，虽然每一次的失败，会让我们失去了一些东西。但如果你是一个懂得反省的人，你学到的必将比失去的更多，从而让未来的生命避免更多的损失，学到更多的有用的经验。

别把自己“宅”起来

网易创始人丁磊说：“现在的‘80后’‘90后’有很多显著的优势，比如对某一专业很狂热，对某一领域很专注。虽然现在物质条件好了很多，但社会也给他们带来很多焦虑。他们大学毕业时，拿着微薄的薪水，却发现房价很贵，买不起房子，甚至会对这世界感到绝望，觉得自己没有立足之地了，连一个小小的落脚点都没有。所以很多人选择了逃避。”

把自己“宅”起来，又不去学习新方法，自己只会越来越“腐”。何谈空想没出路，没背景。我们决定不了怎么生，但是我们可以决定怎么活。不“宅”不“腐”的人才会有作为、有出路。

美国和前苏联当年都已具备了把火箭送上天的物质、技术条件。相比之下，当时美国在这方面的实力比苏联更强。但双方都存在一个卡脖子的问题：火箭的推动力不够，摆脱不了地心的引力，不能把人造卫星送入运行轨道。怎么解决这个问题呢？当时大家都认为，办法只能是再增加所串联的火箭的数量，以进一步增强推动力。美苏两国的专家都各自尽力设法一个又一个地不断增加火箭的数量。尽管火箭增加了不少，但还是解决不了问题。

后来苏联的一位青年科学家，摆脱了不断增加串联火箭的思路。他突破这一思维定式而产生了一个新的设想：只串联上面的两个火箭，下面的火箭改为用 20 个发动机并联。经过严密的计算、论证和实践检验，这个办法终于获得成功。因为这样一来，火箭的初始动力的速度一下子就大大地提高了，就达到了足以摆脱地心引力的程度。于是，一个长时间使成百上千专家束手无策的技术难题，由于这样一个简单的新设想的提出，很快便得到了解决，从而使苏联的航天技术迅速领先于美国。1957 年，苏联抢在美国之前，成功将人造卫星送入太空。

事有本末，物有终始。归根结底还是思想决定行为，之所以有习惯，是因为养成了惯性思维。

经常处理类似的事情，我们会渐渐地就形成了一种惯例、一种传统，似乎电扇都只能是黑色的，不是黑色的就不称其为电扇。这样的惯例、常规、传统，反映在人们的头脑中，便形成一种心理定式、思维定式。时间越长，这种定式对人们的创新思维的束缚力就越强，要摆脱它的束缚也就越困难，越需要做出更大的努力。

每个人都在不同程度地被自己的习惯和惯性思维所左右。例如人们上班时总是习惯走一条固定的路线或是乘坐固定的某路公共汽车；出差时喜欢住在自己熟悉的宾馆——道理很简单，因为人们相信经验，害怕改变，担心这种改变会为自己带来不必要的麻烦。但遗憾的是，人们的这种习惯实际上并非最佳的选择。在职场中，很多人换了一个公司总是觉得难以适应，原因就在于他们总是将以前公司的那种文化和处事方式，拿到新公司里来套用，结果一再碰壁。事实上不是你现在的公司文化不好，而是你不能突破和改变旧有的思维习惯和行事的方式。

有一家公司曾一度积压了大量的电扇卖不出去，7万多名职工为了打开销路，费尽心机地想了不少办法，依然进展不大。

有一天，一个小职员向当时的董事长提出了改变电扇颜色的建议。在当时，全世界的电扇都是黑色的，自己公司生产的电扇自然也不例外。这个小职员建议把黑色改为浅色。这一建议引起了董事长的重视。经过研究，公司采纳了这个建议。第二年夏天公司推出了一批浅蓝色电扇，大受顾客欢迎，市场上还掀起了一阵抢购热潮，几个月之内就卖出了几十万台。从此以后，在全世界，电扇就不再都是一副统一的黑色面孔了。这家公司是日本的东芝电气公司。

有这样一个著名的试验：把六只蜜蜂和同样多只苍蝇装进一个玻璃瓶中，然后将瓶子平放，让瓶底朝着窗户。结果发生了什么情况？你会看到，蜜蜂不停地想在瓶底上找到出口，一直到它们力竭倒毙或饿死；而苍蝇则会在不到两分钟之内，穿过另一端的瓶颈逃逸一空。

由于蜜蜂对光亮的喜爱，它们以为，“囚室”的出口必然在光线最明亮的地方，它们不停地重复着这种合乎逻辑的行动。然而，正是由于它们的智力和经验，蜜蜂灭亡了。

那些“愚蠢”的苍蝇则对事物的逻辑毫不留意，全然不顾亮光的吸引，四下乱飞，结果误打误撞碰上了好“运气”，这些头脑简单的“愚蠢者”在“智者”消亡的地方反而顺利地得救，获得了新生。

影响创造性思维的关键因素就在于风险意识的弱化。因为我们做一件事情，越富于创造性，承担的风险就会越大，因此，尝试新事物、运用新方法，关键是要有勇气承担比循规蹈矩更多的风险。但不容忽视的一点是，在很多特定的时期，如果不能打破这种思维定式，反而会使我们陷入更加危险的境地，重蹈蜜蜂的覆辙！因此，我们必须学会冒险、学会应变，学会突破这种思维定式，找到更为广阔的天空。

赚钱像接露水那么辛苦，花钱却像流水那么迅速

不少二十几岁的朋友以“月光族”为荣，觉得年轻就是资本。有些时候会想：“省那么点钱能干什么？”如果想积累财富，省钱是必不可少的途径。

要省该省下的，省钱也是赚钱，省下的都是自己的，多省钱就是为自己多赚钱。那么生活中如何省钱呢？省钱其实就是三步，先从心态上认可，然后少花钱，最后即便是花钱也要以最少的钱办同样的事！

相信很多人都听过洛克菲勒的故事。洛克菲勒虽然拥有富可敌国的财产，但他在支配手中的每一分钱时却十分慎重，平时也非常注意节约。他曾对他的下属说：“科学的省钱就是赚钱。”

有一次，洛克菲勒视察位于纽约的一家标准石油公司的下属工厂。这家工厂灌装每桶 5 加仑的石油，密封后销往国外。洛克菲勒观察了一台机器给油桶焊盖的过程后问一位专家：“封一个油桶用几滴焊锡？”“40 滴。”专家回答。“有没有试过用 38 滴？”洛克菲勒问。“从来没有。”“那

就试着用 38 滴焊几桶，然后告诉我结果。”实验中用 38 滴焊锡焊的油桶中有一小部分漏油，但是 39 滴焊锡焊的油桶则没有出现这种情况。

从那以后，39 滴焊锡便成为标准石油公司下属所有炼油厂实行的新标准。后来洛克菲勒退休后，对此事仍然津津乐道：“那滴节省下来的焊锡，在第一年为公司节约了 2 500 美元。这项节约措施也一直得到贯彻，每桶节约一滴。从那时到现在，已经累计节约了好几十万美元了。”

任何劳动成果即使不是自己亲手创造的，也是他人用血汗创造的。有人说，浪费也是一种犯罪，这是非常有道理的。可是，对于一些女性来说，由于天生比较感性，即使成家后在消费上还是比较冲动，很容易造成许多不必要的浪费。还有些女性因贪慕虚荣，为了所谓的面子，为了追求享受，更是造成了不小的浪费。

一个精明的理财女性，不会仅从自己的虚荣出发去打理家庭的财产，更不会总是凭感觉冲动购物，而是能够非常理性地支配手中的每一分钱，绝不浪费。哪怕仅能节省一分钱，也会尽量去做。因为不积小溪就难成江海，没有理性的消费和日常点滴的节省，就不可能真正走向财富之路。曾有人计算过，如果每天节省下 2 元钱，一年就能省下 730 元钱；按 40 年利率 3% 计算，这 730 元的年金终值系数为 75.401 元，40 年后就是 55 042.73 元。

有一次，美国两位年轻人有了创办公司的想法。他们是 23 岁的艾利斯和 27 岁的亚伦。2003 年他们正式创立了一家电子邮件营销服务公司。艾利斯回忆起创业初期的时光：“我们住在办公室里，睡在蒲团上，在一台烧烤架上做饭，吃掉了很多拉面。这是典型的创业生活体验。”他说：“我们竭尽所能地省钱、增加收入。”

他们早就意识到通过谈判的方法能节省不少钱。一切都要靠谈判——

从技术成本和商业账户收费到网页设计师及印刷公司。“仅仅是某件东西上贴着个标价签并不意味着就没有还价的空间了。”亚伦说：“他们能做的最坏的事不过就是告诉你‘不行’，但太多的创业者甚至都没有问问是否还能还价。”如果你是用现金支付，就更有利于讨价还价，艾利斯补充说。

他们的公司现在每年销售额约为 200 万美元，在创业初期他会和供应商们讨价还价以控制成本。艾利斯说：“你可以这样说：我没那么多钱做这个，我只有这么多，你愿意干吗？”

艾利斯说其中特别突出的一件事就是，在别人丢弃的办公椅包装盒里到处翻找购物凭单，只为了能凭此获得斯泰博公司提供的 50 美元折扣。如今，iContact 公司的年销售达到了约 1 500 万美元。

要想省钱先从心理上说服自己。不要攀比，平常心态看待生活。花钱最多的帮凶就是攀比，特别是在看到自己同事购买新衣服的时候，很多人都会产生攀比的心态，如果你能把攀比看淡，绝对能为你省下不少的钱。生活中简简单单挺好的，去年的衣服其实今年穿的话也可以，去年的鞋子其实今年穿也挺好，没必要天天为了赶时髦去购物。

另外，尽量出门不要带卡及太多的现金。出去逛街时不要带太多的财宝，特别是不要带卡，刷卡时花钱是最没有感觉的。当你想出去逛街时，身上带个 30 ～ 50 元即可，从经济来源上断掉自己购物的想法。

诚然，生活中不花钱是不可能的，只是大家在购买东西时，先到网上搜搜，也许你在商场看中的商品 300 元，在网上也就是 100 元而已。

赚钱像接露水，辛苦万分；花钱如流水，一去不复返。

找到梦想和计划受挫的原因了吗

罗兰说："懒惰是很奇怪的东西，它使你以为那是安逸，是休息，是福气；但实际上它所给你的是无聊，是倦怠，是消沉；它剥夺你对前途的希望，割断你和别人之间的友情，使你心胸日渐狭窄，对人生也越来越怀疑。"

其实，人多数是不懒惰的，你看，眼睛天生用来看世间万物，但是人觉得不够，因此发明显微镜、望远镜，希望看得更高、看得更真；耳朵天生要来听声音，人们又发明了扩音机、广播机、电视机，希望听得更远、更大声；双脚天生应该用来走路，人们又发明脚踏车、机车、汽车等，希望能与时空竞赛。

著名作家哈里是美国海岸警卫队的一名厨师。空余时间，他代同事们写情书，写了一段时间以后，他觉得自己突然爱上了写作。他决定用 2 ~ 3 年的时间写一本长篇小说。为了实现这个目标，他立刻行动起来。每天晚上，大家都去娱乐了，他却躲在屋子里不停地写。这样整整写了 8 年以后，他终于第一次在杂志上发表了自己的作品，可这只是一个小小的豆腐块而已，稿酬也只不过是100美元。他没有灰心，相反他却从中看到了自己的潜能。

从美国海岸警卫队退休以后，稿费没有多少，欠款却越来越多了，但他仍然写个不停。朋友们见他实在太贫穷了，就给他介绍了一份到政府部门工作的差事。可他却拒绝了，他说：我要做一个作家，我必须不停地写作。有时候，他甚至没有买一个面包的钱。尽管如此，他仍然锲而不舍地写着。又经过了几年的努力，他终于写出了预想的那本书。因为不停地写，他的手指已经变形，他的视力也下降了许多。为了这本书，他花费了整整12年的时间，忍受了常人难以承受的艰难困苦。

小说出版后立刻引起了巨大轰动，仅在美国就发行了370万册平装本和160万册精装本。这部小说还被改编成电视连续剧，观众超过了1.3亿，创电视收视率历史最高纪录。这位了不起的作家获得了普利策奖，一下子收入500多万美元。

西谚有云："黄金随潮水流来，也要你早起去捞起它。"中国人一向相信财神爷可以送财富；但是财神送财来，也要你礼貌地去接受，如果你懒惰避开他，也不能发财。甚至围在颈项上的大饼，你吃完了前面的部分，如果连转动一下都懒得去做，那么饿死也是活该。

世间上，懒惰与贫穷是难兄难弟。因为懒惰，所以贫穷；因为贫穷，因此容易懒惰，这是互为因果。所以，吾人要想改变命运、改变贫穷，必须舍弃懒惰，要能勤劳精进。

所谓"春天不下种，何望秋来收？"不播种，如何有收成？不劳动，如何有成就？一个懒惰懈怠的人，即使才华过人，永远也用不到自己的长处；如此辜负"天生我材"，岂不可惜复可悲乎？

美国的百货业巨子约翰甘布士的经验之谈极其简单：尽快行动，抓住哪怕只有万分之一的可能。

有一次，甘布士要乘火车去纽约，但事先没有订妥车票，这时恰值圣诞前夕，到纽约去度假的人很多，因此火车票很难购到。

他的夫人打电话去火车站询问：是否还可以买到这一次的车票？车站的答复是：全部车票都已售光。不过，假如不怕麻烦的话，可以带着行李到车站碰碰运气，看是否有人临时退票。车站反复强调了一句，这种机会或许只有万分之一。

甘布士欣然提了行李，来到车站，就如同已经买到了车票一样。夫人关怀备至地问道：约翰，要是你到了车站买不到车票怎么办呢？他不以为然地答道：那没什么，我就好比拿着行李去散了一趟步。甘布士到了车站，等了许久，退票的人仍然没有出现，乘客们都川流不息地向月台涌去了。

但甘布士没有像别人那样急于回去，仍然耐心地等待着。大约距开车时间还有10分钟的时候，一个女人匆忙地赶来退票，因为她的女儿病得很严重，她被迫改坐以后的车次。

甘布士买下那张车票，搭上了去纽约的火车。到了纽约，他在酒店里洗过澡，躺在床上给他太太打了一个长途电话。在电话里，他轻松地说：亲爱的，我抓住那只有万分之一的机会了，因为我相信一个不怕吃亏的人才是真正的聪明人。

我们总是习惯于有憧憬而不去抓住，有理想而不去实现，有计划而不去执行，终于坐视各种憧憬、理想、计划消逝！

生活中，成功的机会如同天空中的大雁一样，稍纵即逝。愚者做事或拖拉或懒惰，很容易让成功的机会从手中溜走，而智者则不同，他们做事雷厉风行，一点都不含糊，在追求成功，实现目标的过程中，他们从不放过任何一丝机会，一旦机会降临，哪怕只有万分之一的把握，他们也敢于冒险去捕捉，所以机会好像也偏爱智者。愚者的拖拉懒惰是一种消极的心态，更是一种坏习惯，正是这种坏习惯的存在，使愚者和智者之间有了一条很明朗的界限。

成功学大师拿破仑·希尔告诉我们，机遇与我们的事业休戚相关，机遇是一个美丽而性情古怪的天使，她倏尔降临在你身边，如果你稍有不慎，她又将翩然而去，不管你怎样扼腕叹息，她却从此杳无音讯，不再复返了。所以，做事雷厉风行的人，往往能抓住机会，成就梦想。

只要锄头舞得好，哪有墙角挖不倒

生活中，很多人之所以失败就是因为没有瞄准一个点，持之以恒地走下去。而成功者则往往是由于瞄准了这个点，并坚持走到了最后。这个点有时是从脑中一闪而过的灵感，有时是一个稍纵即逝的机遇，有时是恶劣的环境中长期形成的生活积累。是的，只要能瞄准一个点，就能敲开成功的大门，哪怕力量微小，只要坚持，就一定能够到达胜利的彼岸。

在撒哈拉沙漠里，因为一连几个月不下雨，干燥的沙漠在阳光的炙烤下气温越来越高，就是极能耐高温的蛇也得小心翼翼，不然就有被烤熟的危险。

白天，蛇只能躲在沙子里，因为沙子的覆盖能使它避免阳光的直接照射，它还可伺机捕捉猎物。如果必须走动时，蛇就将身子弯成“之”字形迅速前进，这样可以避免皮肤长时间与炙热的沙子接触，蛇就是以这种方式顽强地在沙漠里生存下来的。它的猎物都是些耐旱的小动物，有蜥蜴、甲虫，还有一些小型飞鸟。

可是，令生物学家不解的是，有一种类似于麻雀大小的鸟，它的生命力比蛇更顽强。因为鸟儿要到沙地上找食物，所以也不可避免地成了蛇的猎物。鸟儿不但要面对恶劣的自然环境，还要对付躲在沙子底下的蛇的袭击，如果它要生存下去，就必须战胜这一切。

当鸟儿扑扇着翅膀刚刚停在沙地上准备找食物之时，潜伏在沙子里的蛇猛地张开大口蹿了出来。眼看鸟儿就要成为蛇的果腹之物，可是，顷刻间鸟儿便从劣势转为优势。鸟儿用自己的爪子一下又一下地拍击着蛇的头部，尽管鸟儿的力量有限，它的爪子对蛇的拍击似乎构不成什么威胁，并且蛇依然对鸟儿穷追不舍，但鸟儿并没有停止拍击。鸟儿一边躲避着蛇的追捕，一边用爪子拍击着蛇的头部，其准确程度分毫不差。

就在鸟儿拍击了一千多下时，蛇终于无力地瘫软在沙地上，再也爬不起来了。蛇口脱险的鸟儿停在沙地上从容地吃了一些甲虫类的食物后，才扑扇着翅膀慢慢地飞走了。

鸟儿和蛇的力量对比是悬殊的，生物学家唯一能得到的答案就是，鸟儿在经过长期的经验积累后，终于掌握了一套对付蛇的办法，那就是瞄准一个点——蛇的头部，并不停地用爪子拍击。鸟儿以自己坚韧不拔的抵抗方式，在这次对比悬殊的较量中赢得了胜利。

阿里巴巴总裁马云说过："今天很残酷，明天更残酷，后天很美好，但是大多数人死在明天晚上，看不到后天的太阳。"在这条通往成功的路上，处处都是荆棘，处处都是阻碍你成功的绊脚石，处处都是引诱你离开成功之路的诱惑，就看你能否顶得住，能否有坚强的意志冲破层层重围，能否在失败面前仍对理想坚定不移，在挫折面前仍能表现出不成功不罢休的信念都直接决定着你是否能成功！

在成功的路上，如果意志不坚定，一次小小的挫折，一个小小的失败都可能把你从成功的路上拉回来。所以，要想成功就要做好不达目的不罢休的准备！不论在奋斗的旅途中遇到什么，你都要默默地告诉自己：“我不要放弃，我要成功，我一定要坚持。”放弃了就代表你肯定失败，不放弃就表示你还有成功的可能！成功只青睐能坚持的人！其实，成功很简单，就是一个“坚持”，一步之遥，十分努力，百倍坚持，很多梦想我们就可以这样被实现，不论遇到什么，咬紧牙关挺一挺就过来了，你就成功了。

斯克劳斯受母亲的影响从小就喜欢时装，他的母亲是个裁缝。斯克劳斯家境贫寒，没有多余的布料来训练他的手艺，于是小斯克劳斯就常常将母亲裁剪后的布角偷来，东拼西凑地做成各种各样的小人衣服。

一次，小斯克劳斯将父亲从自家凉棚上撤的一块废旧的棚布制成了一件衣服，这种粗布在当时是专门用于盖棚之用的，从没有人拿它来做衣服。而小斯克劳斯竟穿着自己做的衣服走在大街上，路过的人还以为他是个疯子。

当时，戴维斯是著名的时装大师。斯克劳斯的母亲便建议他向大师请教，她希望自己的儿子能成为像戴维斯一样成功的时装设计师。那一年斯克劳斯只有18岁,他带着自己设计的粗布衣来到了戴维斯的时装设计公司。精布衣服自然没有得到设计公司其他人的好评，唯独戴维斯却十分欣赏，并将斯克劳斯留了下来。

从此，在戴维斯的鼓励与帮助下，斯克劳斯开始设计粗布衣，由于没有人对这样的衣服感兴趣，粗布衣大量积压在仓库里，就连戴维斯都对自己收留斯克劳斯的决定开始产生怀疑。然而斯克劳斯依然坚信自己的衣服会受到人们的欢迎，他从未放弃过设计和改良这种衣服。一个偶然的灵感，斯克劳斯试着将那些粗布衣服运往非洲，销售给那里的劳工们。由于那种粗布价格低廉、耐磨，居然很受劳工们的欢迎，很快便销售一空。斯克劳斯取得了成功的第一步。

此后，斯克劳斯又根据布料的特质，将它们做成了适合旅行者穿的款式，竟然又受到了旅行爱好者的欢迎。随着粗布衣一点一点地发展，人们惊奇地发现，这种衣服穿在身上不但随意，还有一种很特别的风味，而且不分季节，任何年龄的人都可以穿。一时间，大家都争着穿起了斯克劳斯设计的粗布衣，后来将它称之为牛仔衣，风靡全世界。

“锲而舍之，朽木不折；锲而不舍，金石可镂。”这句名言告诉我们做人的关键在于要有恒心，目标专一，持之以恒。一个人如果要有点成就的话，就必须要有恒心，持之以恒，不能半途而废。

伏尔泰曾经说过：“要在这个世界上获得成功，就必须坚持到底，剑至死都不能离手。”任何人成功之前，都会遇到许多的失意，甚至是多次的失败。如果你放弃了，你就放弃了一个成功的机会，因为轰轰烈烈的成功之前的失败，往往离成功只有一步之遥。自古以来，那些所谓的英雄，并不比普通人更有运气，只是比普通人更有坚持到最后的勇气罢了。

第二章
做自己的英雄

偏执狂的生存方式

英特尔公司前CEO安迪·格鲁夫说："只有偏执狂才能生存。"许多传奇的公司创始人都是个偏执狂。从柳传志、皮特·盖茨的身上，我看到三个重要的因素：坚持、偏执和优秀的助手。许多人因为别人的劝解而主动放弃自己的偏执，而成功者则选择努力用其他办法去弥补这种性格的缺失。于是，柳传志开辟了中国企业资本运作的先河，而盖茨则改变了一个时代，背后的东西其实很相似。

韩国人曾自嘲一生有三件事情无法避免：死亡、税收和三星。用"如日中天"来形容时下的三星，恐怕并不为过。数据显示，三星在存储器和显示屏域，市场占有率全球第一，电视业务也已经连续5年把持了全球销量冠军。三星的成功与一项因素分不开，那就是偏执。

三星是危机感非常强的公司。三星集团向旗下三星电子、三星生命、三星物产等企业下达命令，要求全体员工的上班时间提前至早6：30，希望借此让员工认识到三星正在处于危机中，增强员工的危机意识。

员工的危机意识源于三星集团董事长李健熙身上强烈的危机意识。李健熙在2010年3月重掌指挥权时就表示，三星的未来无法预测，在未来十年内，企业的大部分代表性产品将成为过去，因此需要从零做起。凡是去过三星参观的人，都会发现，无论走到哪里，都能感受到三星人强烈的危机意识，这与李健熙长期以来的灌输不无关系。

正是这种长期灌输的危机意识，帮助三星在芯片、电视机和显示器等领域持续发力，并最终赶超其他企业。

偏执的公司偏执方向各有不同。亚马逊的CEO贝索斯则是一个可怕的老板。他认为员工就该疯狂工作，不需要个人生活。喜欢把客户投诉邮件转发到内部邮件组，但是只写一个“？”的意见，看着所有员工诚惶诚恐地处理这份邮件。

对于创业公司更需要一种偏执。创业公司创始人有时是之前在其他公司做过高管，有着丰富的经验，而有一些只是普通人。投资人认为往往普通人更易成功，因为这些普通人有偏执的理由。

大公司的高管，有着亮丽的简历，但这些对创业并非最重要的。大公司的高管，可能有丰富的资源，但这些资源是否能转化成市场、客户或投资，是要画很大问号的。但更重要的，还不是这些。

在创业阶段，最重要的，首先是创业激情，有创业激情，才有承担风险的意愿和意志。“只有偏执狂才能生存”这句话，对创业者很合适，没有偏执的创业激情，成功的概率会很低。对于大公司高管来说，他们的机会成本比普通人更高，因此，如果缺乏创业激情，碰到挫折，很容易就想，冒着风险创业是不是值得，因为他们有比普通人更好的选择。

安迪·格鲁夫以敢于冒险的偏执著称。

他成为英特尔首席运营官后，很快发动了一场一年内从摩托罗拉手中抢到2 000多家新客户的战役，当时公司都认为他在吹牛。因为在当时来说，这绝对是一件不可能完成的事。结果英特尔不仅实现了这一目标，而且还超额了500家，其中一家是IBM。

后来，英特尔把自己定位为一个存储器公司，但在这时日本的存储器厂家登台了，他们最重要的武器，是使用户能以惊人的低价购买到高质量的产品。这种削价战，很快使英特尔连续6个季度出现亏损。英特尔管理层围绕是否放弃存储器业务展开了激烈争论。争论越是继续，英特尔的经济损失就越大。

格鲁夫问董事长兼首席执行官摩尔："如果我们下了台，另选一名新总裁，你认为他会采取什么行动？"摩尔犹豫了一下，答道："他会放弃存储器的生意。"格鲁夫目不转睛地望着摩尔，说："你我为什么不走出这扇门，然后自己动手？"

这个决心很难下，在所有人的心目中，英特尔就等于存储器。怎么可以放弃自己的身份？但格鲁夫说做就做，他力排众议，顶住层层压力，坚决砍掉了存储器生产，而把微处理器作为新的生产重点。

英特尔从此不再是半导体存储器公司。在探求公司的新身份时，它意识到微处理器是其一切劳动的核心所在，于是自称为"微型计算机公司"。到了1992年，微处理器的巨大成功使英特尔成为世界上最大的半导体企业之一，甚至超过了当年曾在存储器业务上打败它的日本公司。

相反，一个"偏执"的人，很难在某个平衡状态保持下去，导致他连续不断地打破旧平衡，形成新平衡，又打破旧平衡，又形成新平衡……这样"偏执"的人就会不断进步。

其次，偏执的人具有不妥协、不放弃的精神，他们认定的事，都会执拗到底，不管对错。因而在“不管对错”的过程中，屏蔽掉了“给自己找借口”的风险，在这个过程中，他们坚持做下去的“风险系数”较低，或者说风险成本较低。所以，只要给予正确引导，他们更易成功。

相反，“正常”人更容易改变自己当初定下来的方向，而这个改变，很有可能是给自己想逃离痛苦找的借口。

怀才就像怀孕，时间久了才能看出来

周国平说：“寂寞是决定人的命运的情境。一个人忍受不了寂寞，就寻求方便的排遣办法，去会朋友、谈天、打牌、看电视，他于是成为一个庸人。靠内心的力量战胜寂寞的人，必是哲人和圣徒。”

成功路上最心酸的是要耐得住寂寞、不浮躁，总有那么一段路是你一个人在走，一个人坚强和勇敢。也许这个过程要持续很久，但如果你挺过去了，最后的成功就属于你。

周兴毕业后分到一所中学，教了两学期的课，觉得教学不会有什么大发展，于是，便跳槽到了一家广告公司。没多久，他又好高骛远地去给一位公司老总当秘书。他仍没坚持多久，很快又转到了一家规模较大的合资公司。在那家公司，他开始干得很有激情，不久也升了职，加了薪。后来发生一些小事，让他感到自己受了冷落，他又想换工作。

一次他回到家，发现早已退休年近七旬的爷爷正在家里翻看着一本厚厚的机械图书。他感慨地对爷爷说：“这年头，要做好一份工作，实在是太不容易了。”

只有小学文化的爷爷打断了他满腹的牢骚："那是因为你心气太高，太浮躁了，没有学会把冷板凳坐热。"

天快黑时，重型机械厂的马厂长用小车亲自把爷爷送回来。那位领导着近万人的厂长恭敬地扶着爷爷上楼，嘴里还不停地感慨着："真是不好意思，还要麻烦您老出山，看来还得拜托您老多给咱厂培养几个高级技工，那些刚毕业的大学生理论一套套的，一到关键时刻就……"

"别急，等他们坐住冷板凳就好了。"爷爷颇自信地说道。

作家贾平凹在小说《浮躁》中有这样一段描述："在我们的心灵深处，总有一种力量使我们茫然不安，让我们无法宁静，这种力量叫作浮躁。浮躁就是心浮气躁，是成功、幸福和快乐最大的敌人。从某种意义上讲，浮躁不仅是人生最大的敌人，而且还是各种心理疾病的根源，它的表现形式呈现多样性，已渗透到我们的日常生活和工作中。可以这样说，我们的一生是同浮躁斗争的一生。"

拿破仑·希尔说："我发现，凡是一个情绪比较浮躁的人，都不能做出正确的决定。成功人士，基本上都比较理智。所以，我认为一个人要获得成功，首先就要控制自己浮躁的情绪。"

浮躁是成功、幸福和快乐最大的敌人。在短暂的生命之旅中，浮躁是人生最大的敌人。"浮躁"是指轻浮，做事无恒心，见异思迁，不安分守己，总想投机取巧，成天无所事事，脾气大。浮躁是一种病态心理表现，其特点有：心神不宁，面对急剧变化的社会，不知所为，心中无底，恐慌得很，对前途毫无信心；焦躁不安，在情绪上表现出一种急躁心态，急功近利；盲动冒险，由于极度不安，情绪取代理智，使得行动具有盲目性。

成功者不浮躁，浮躁者难成功。开辟事业的进程中，我们必须抛弃浮躁，谨严前行。因此，我们要力戒浮躁。不浮躁是处世做人的一种心理修养，就是要淡泊名利，静以养心。唯有得宠亦泰然，受辱亦淡然，在大起大落面前，始终不为外界环境变化所影响，不受上司喜怒好恶所干扰，不改变自己的人生目标，豁达潇洒地看待进取得失，才能活得怡然，活得轻松，活得幸福。

1965 年，世界台球冠军争夺赛在美国纽约举行。刘易斯·福克斯以绝对优势将其他选手甩到身后。决赛时也非常顺利，已经胜利在望了，只要再得几分他便可以稳拿冠军。

可是就在这时，一只苍蝇落在了主球上，于是他赶忙挥手将苍蝇赶走了。可是，当他再次俯身准备击球的时候，那只苍蝇又落到了主球上，这时，刘易斯·福克斯的情绪发生了一些变化，他开始因这只讨厌的苍蝇不断落到主球上而生气。他起身驱赶苍蝇，但苍蝇好像故意与他作对，飞来飞去就是不肯走，引得观众哈哈大笑。刘易斯·福克斯的情绪也坏到了极点，终于失去了理智，愤怒地用球杆击打苍蝇，球杆触动了球，裁判判他击球，他因此失去了一次机会。更糟糕的是，浮躁的刘易斯·福克斯方寸大乱，连连失利，终于被对手抢走了似乎已触手可及的冠军宝座。

明代钱琦在《钱子测语》中说：“人心能列，虽万变纷纭，亦澄然无事；不静，则燕居闲暇，亦冲然靡宁。”

辛弃疾在一首词中自嘲家屋是：“笑我庐，门掩草，径生苔。”这足见他当时身处的环境是何等孤独寂寞。就是在这样的环境中，他读书写作，潜心创作，生活虽然看来索然无味但他却饶有兴味：“味无味处求我乐，材不材间过此生。”可见，成大事者大都善于和寂寞打交道，和孤独交朋友，这是一门艺术，也是人生的一种境界。

和寂寞相处要神情专一。孔子在谈到看一个人能否成就一番事业时总结出三种方式："视其所以，观其所由，察其所安。"意思是看他的所作所为，观察其由来始末，了解他的内心寄托。所谓"安"，按现代人的理解就是"心安理得"，心绪宁静。宁静，是一种厚积薄发的蓄势，是与轻浮焦躁全然有别的人格修养，"非淡泊无以宁静，非宁静无以致远"，唯心境平和的时候，人才能专一，唯其专一，人才能隐默自守，从从容容，心无旁骛，才能真正做到可为世态炎凉所感，但不为人情冷暖所动，一心干自己的事。其实，人的智商没有大的差别，差别往往在于专注事物的程度不一样。投入精力不一，结果就会大相径庭。

不要怕丢人，没“脑子”的人才要脸

马云说：“你放下面子赚钱的时候，说明你已经懂事了；当你用钱赚回面子的时候，说明你已经成功了；当你用面子可以赚钱的时候，说明你已经是人物了；当你还停留在那里喝酒、吹牛，啥也不懂还装懂，只爱所谓的面子的时候，说明你这辈子也就这样了。”

不成熟的人都有一个共同的特点：把“面子”看得比什么都重要，生怕被否定、生怕别人觉得自己没能力、生怕被人看不起……而任何一个员工，都必须经历一个从不懂到懂、从不会到会、从最平凡的小事做起的过程，这是职场的基本规律。

有一次公司经理发现一位刚进公司的女员工躲在楼梯口哭，于是便走过去问她为什么哭。她先是不肯说，经过再三的引导，她才说出心里话。

原来，她刚刚研究生毕业，这是她的第一份工作。没想到，刚上班领导就交给她一项任务：和大家一起到附近的小区挨家挨户发宣传单，推销公司即将推出的新楼盘。这些工作本来是想聘请一些在校大学生去做的，但因为项目很急、加上又是学校放假的时间，一时招不到人，所以才让大家去做这项工作。这本来很正常，但这位女员工却感觉受到了天大的委屈，觉得自己堂堂一个研究生，怎么能去做这样的事情，实在是太丢脸了。但她又不得不去，所以只好哭。

谈到这件事情的时候，这位经理不由感慨：别说她一个刚毕业的大学生，就算我们这些经理，只要有需要，也照样会去发传单。为公司的发展、为团队的和谐，就算做再小的事，也不丢脸。

美国有一位拳王说过，任何拳手都不可能打败所有的对手，好的拳手知道在适当的回合认输。因为，及早认输，下次还有赢的机会，如果逞能，让对手把你打死了，或者把你拖垮了，你不是连输的机会也没有了吗？

拳击仍是光明正大的竞技，在人生的长河中，竞争却是纷纷庞杂的，其中不乏乱箭和暗器。面对不讲竞争规矩的阴损“君子”，碰上怀着“谁也别想比我好”的病态心理的嫉妒小人，你斗得越勇，只会陷得越深。与其让性命的价值在乱斗中无故地折损，不如认个输，分开长短圈，用自己保留下来的实力，去寻找真正的竞技场。

当我们明确自己不是对手时，就应当认输。生涯中常有竞争和角逐，但深知自己“斗”不过对手，还一味地跟人家“斗”，这又有何益呢？“斗”得越起劲，只会使自己输得更惨。

取舍认输，急流勇退，将使我们避开锋芒，以退为进，赢得潜心发展的自动权；将使我们得以沉着下来去认识差距，虚心向对手学习，从而有可能真正战胜对手。

著名的美国柯达公司在与日本富士公司竞争时，就颇有自知之明，敢于认输，不跟富士争“第一”。柯达公司甘拜富士下风，既减少了恶性竞争造成的大批人力、财力、物力挥霍，又使他们可以依据自己的实际情形制定合适的发展策略，他们还谦虚地向富士取经。结果柯达快速发展了，成了与富士并驾齐驱的胶卷大王。

当我们知道自己不可能做到时，就应该认输。并不是所有的难题和挫折都可以超越，并不是所有的机遇和好运我们都可以掌握。在明知无力回天，败局已定时，我们应该认输。选择认输，不去保持下完一盘基本下不赢的臭棋，而是弃之一边，将使我们及早从“死胡同”里走出来，避免付出更惨重的代价。

总之，认输不失为一种策略，它将使你彻底解脱不健康的心理羁绊，使你调整好位置，进入最佳的心理状况，它培养的将是一片心灵的净区。人生有涯，时间短促，学会认输，将有助于三十岁的男人在短暂的人生旅途中成为更大的赢家！

略微低一下头，你的人生会更出色。

假如把我们的人生比作爬山，有的人在山脚刚起步，有的人正向山腰跋涉，有的人已信步高峰。但此时，不论你处在什么地位，请记住：要把自己放在山的最低处，即便“会当凌绝顶”，也要会低头，因为在你所阅历的漫长人生旅途中，总未免有碰头的时候。

孤独并非坏事

美国《科学》杂志刊登了美国弗吉尼亚大学和哈佛大学的一项联合研究，发现大部分人不愿意独处，也不愿意强迫自己思考，而是更喜欢有点事做。

在我们每天的生活中，有太多的人，太多的事，太多的活动。这当中有一些是重要的人，重要的事，重要的活动。你会发现，不仅是那些日常琐碎，还有那些重要的事物，让我们的生活凌乱不堪。

我们需要与别人交往，需要参加各种活动。对于那些我们生活道路上出现的人，我们有许多礼物要送出；而他们也有很多重要的礼物要送给我们。然而，我们很快就会发现，我们没有什么可以给他们了，因为我们忘记给自己留出一点时间，滋养我们的灵魂。

给自己一些时间，远离一些人、事和活动；给自己一些时间，让自己与神灵对话，寻求指导与肯定。这样的时间，让我们给人们送出更好的礼物，也让我们更好地接纳别人送给我们的礼物。

一位女士她不喜欢一个人去做任何事情。每次看电影都要有人陪，逛街要与人一起逛，外出旅行也要找个伴儿，居住更不能缺少室友，即使在职场上也不喜欢独来独往，中午吃盒饭时最好对面也要坐一个人。万一身边的朋友都没空，她就会急着拿起电话找人：“你没事啊？那就一起出来吧。”“快闷死了，好无聊哦……”反正，她不要一个人孤单的感受。

结果，她的人际关系出现了微妙的变化。每个人都以为是她的好朋友，哪里知道她是因为找不到这个人才找那个人，其实只是自己不甘寂寞罢了。朋友多，表示交友广阔，人缘不错，但是如果朋友太多了，也会分身乏术。有时，还会不知不觉对同一个人讲好几遍同样的笑话呢！

她过着看似充实的生活，安排了许多活动及节目或者约会等，累了一天，晚上回到家，最后面对的还是她自己。这个朋友终于陷入了恶性循环，过着没有质量的生活。有一天，她实在受不了了，决定改变一下这样的生活方式，学习一个人独处。以前，只要是她一个人独处，孤单的气氛仿佛马上要降临时，她便立刻盖上棉被大睡一觉，来熬过不知如何打发的时间。

尽管我们有时不想独处，但是独处我们是需要的。

周国平说：“从心理学的观点看，人之需要独处，是为了进行内在的整合。所谓整合，就是把新的经验放到内在记忆中的某个恰当位置上。唯有经过这一整合的过程，外来的印象才能被自我所消化，自我也才能成为一个既独立又生长着的系统。所以，有无独处的能力，关系到一个人能否真正形成一个相对自足的内心世界，而这又会进而影响到他与外部世界的关系。”

研究者招募了 200 多名 18～77 岁的受试者，要求他们单独坐在空旷的房间里，没有手机、书本等物品，并在 6～15 分钟后告诉研究者自己的感受。

结果显示，57% 的受试者很难专心，89% 的人说自己心绪紊乱，一半人认为这种体验相当不舒服。还有一部分受试者被要求在家独处，结果大同小异，而且 1/3 的人会偷偷玩手机或听音乐。在另一项试验中，研究者让受试者感受电击，结果相当一部分人宁愿选择支付 5 美元也要避免再被电击。随后，这些受试者又被请进房间独处，并被告知，如果忍受不了，可以选择用电击取代独处。结果显示，2/3 的男性受试者宁愿被电击也不想独处，而女性的比例约为 1/4。

科学家认为，独处会让人感到不安，即便刻意让自己沉浸在美好的思考中，也是很困难的。人类天生渴望外界的刺激，即使这些刺激并不舒服。

孤独对于人们来说并不是什么坏事。

在充分体会到孤独的辛酸与痛苦中活下去的人，体内可能会产生坚强生存的基因。的确，若是在没有体验过孤独的状况下突然独处，可能更会让人感到心酸不已。

此外，另一点优势在于，长期处于孤独的人会和身边亲友的关系更牢固，会加强集体团结，会更能得到社会的信赖。这个法则在生活中随处可以体现，事实上在热情的体育迷中，感到自我孤独的人群占大多数。在喜欢的选手或球队的周围团结一致，共同呐喊助威也可以说是孤独人群的一大特征。

除此之外，那种待人温柔，可以给人支持、鼓励、帮助的人通常被认为是社交能力很强的人，但实际上这也是孤独人群的一种特征。我们身边那些外表上给人感觉擅长社交的人很可能是很孤独的人。

学会和外界独处，和生命独处，和自己独处。学会独处的人，心胸才能够豁达；学会独处的人，心智才能够成熟；学会独处的人，才能领悟到生活的深邃。独处是灵魂生长的必要空间，独处让我们内心充实起来。我们的内心就是在无数个独处中渐渐坚强起来。独处，让内心更强大。

最穷无非讨饭，不死终要出头

失败总是人们畏惧的一个词语，反而成功是一直受欢迎的。具有讽刺意味的是，那么崇拜成功，但成功的比较是少数，反而失败的比比皆是，并且失败的千奇百怪无所不有。可谓验证了成功的基本相似，失败的各有不同。

为了追求成功，人们可谓是削尖了脑袋，把能想的都想了，把不能想的也想了，总是显得那么急功近利，总是显得世俗无情，总是显得以应和别人而成就自己，总是在虚荣微笑的背后隐藏着自己舔血的利器。

一位20来岁的年轻人只身来到芝加哥，他一无文化，二无特长，为了生存，只好帮商店卖起了肥皂。随后，他发现发酵粉利润高，立刻投入了自己所有的老本购进了一批发酵粉。结果他发现自己犯了一个错误：因为当地做发酵粉生意的远比卖肥皂的多，自己根本不是他们的对手。

眼见着发酵粉如果不及时处置，损失十分巨大，年轻人一咬牙，决定将错就错，索性将身边仅有的两大箱口香糖贡献出来，凡是来到本店惠顾的客户，每买一包发酵粉，都可以获得赠送两包口香糖。很快地，他手中的发酵粉处理一空。

在随后的经营里，这个年轻人又发现：口香糖在市面上已经越来越流行，虽然是个薄利行业，但因为数目庞大，发展前景要比发酵粉好。他当即脑瓜子一转，又集结起所有的家当，把宝押在口香糖上了。营销过程中，他积极听取顾客的意见，配合厂家改良口香糖的包装和口味，后来他感觉这种配合局限性很大，索性倾其所有，自己办起了口香糖厂。

后来，他的“箭牌”口香糖正式面世。但在当时，市场上的口香糖已有十多个品种，人们对这支生力军接受的速度非常慢，他一下子又陷入了困境。这时候，他想了一个更为冒险的招数：搜集全美各地的电话簿，然后按照上面的地址，给每人寄去 4 块口香糖和 1 份意见表。

这些铺天盖地的信和口香糖几乎耗尽了年轻人的全部家当，同时，也几乎在一夜之间，“箭牌”口香糖迅速风靡全国。这位惯于“错中求胜”的年轻人，就是“箭牌”口香糖的创始人威廉·瑞格理。

到今天，“箭牌融入生活每一天”的广告词已经家喻户晓，“箭牌”口香糖也已成为年销售额逾 50 亿美元的跨国集团公司。说起成功的奥秘，第三代传人小瑞格理一语道破了天机：那就是“大胆犯错”———须知机遇只有在犯错的过程中才能发现，只有经历错过的尝试，才能清晰地找准成功的方位。

现在有些人无论做任何事情，都会有前怕狼后怕虎的情绪。做事缩手缩脚，举足不定。他们以为这样做是很保险的，但是成功的机会也是很少的。因此但凡我们在做任何事情的时候，胆要大心要细。既不要怕犯错误，也要总结自己偶然犯错的经验教训。说不定明天你就会获得巨大的成功。

外界给美团创始人王兴贴上了很多标签——屡战屡败的创业客、打不死的“小强”、史上最倒霉的创业家……有人说，他是做啥啥不行——校内、海内、饭否，三个网站的创始人，但每个都活不长。

2003 年，刚刚 25 岁的王兴中断了美国硕士学业，回国创立校内网。王兴做校内网的时候只有七八个人，在一套三室一厅的房子里，合伙人就是老乡、同学加上女朋友。2006 年，校内网用户量暴增，而王兴却没钱增加服务器和带宽，资金成了校内网发展的最大障碍。无奈之下，王兴将校内网出售。

2007 年 5 月，王兴建立中国大陆第一个微博客饭否网。“饭否”二字，体现了微型博客的“唠叨精神”，恰如中国人喜欢见人就唠叨一句“吃饭了吗？”

从注册域名、推广到培养用户，经过一年多的市场培养期，2009 年上半年饭否的用户数从年初的 30 万左右激增到了百万，王兴称之为即将爆发期，却被突然关闭。

2007 年 11 月 16 日，校内网创始人王兴创办的社交网站海内网上线，业务经营平平。

2010 年 3 月 4 日，王兴的美团网上线。2014 年，美团网市场份额已超过 55%，占据团购半壁江山。美团网 CEO 王兴 5 月在接受彭博社采访时透露，美团网在全国已经积累了 9 000 万活跃移动用户及 40 万合作商家。2014 年美团网的交易额将增长到 400 亿元人民币。

安静下来想，在事实如此的情况下是否可以接受失败一次呢？面对失败我们会如何应对，这样的心态是否会让我们更从容、更理想、更人性地思考及处理剩下的事情呢？

可以接受失败，没有成功大旗的压力或许是另一番天地。既然要接受失败未必是接受惨败，仅仅是不成功或与事先的目的有差距而已。

接受失败未必是败局，但一定不会是残局或惨局。但一味追求成功反而很可能是不可收拾的残局或惨局。所谓的退一步海阔天空，不只是谦让，也不只是宽容，更不只是体现自我的大度。是理想判断下的选择，唯有选择正确方可不乱步伐。

愚者坐以待毙，智者坐以待“币”

成功永远都属于积极主动的人，水平再“差”的人，只要化被动为主动，积极地去争取，才会取得不凡的业绩；而能力再好的人，如果消极等待，也会一次又一次地错过成功的机会，最终一无所得。

有句名言：努力不一定成功，但是放弃一定失败。面对成功的机遇，争取不一定得到，但等待一定会失去。比如，有人想要给你一颗糖吃，可是你却握紧拳头，别人则无法放到你的手里，如果你把手张开，并伸手把糖接住，那么你就可以品尝到甜的滋味。这就是主动与被动之间的差别。

哈佛大学里经常有讲座，每次都是请华尔街或跨国公司的高级管理人员讲演。有位年轻人总是拿一张硬纸，中间对折一下，让它可以立着，然后用颜色很鲜艳的笔大大地用粗体写上自己的名字，再放在桌前。于是，演讲者需要听者回答问题时，他就可以直接看名字叫人。

有朋友问他，他笑着说，讲演的人都是一流的人物，他们就意味着机会。当你的回答令他满意或吃惊时，很有可能就暗示着他会给你提供很多机会。

事实也是如此，因为他出色的见解，最终得到供职于一流公司的机会……

机遇在每个人的身边，成功的人之所以成功是因为他们善于抓住机遇，善于思考，只有思考才能抓住机遇，机遇只青睐准备好的人。

无数这样的偶然，使得历史的前进成了必然，这就是为什么“偶然”的魅力这么大，这就是为什么如果我们抓住了“偶然”，就是抓住了成功的筹码。

在生活中，我们常常看到这样的例子：两个人一同大学毕业，但是几年后，两个人的境况却有天壤之别。我们也常常看到一些成功者和失败者的例子：有人满腹才华却无出头之日，有人却能大展身手、游刃有余，才华固然重要，但是，有才华不等于成功。成功还需要自己去打拼、去争取、去营造。

世事沧桑，物是人非，“是金子总会发光”“酒香不怕巷子深”的年代正在悄然发生变化。一首歌词唱得好，“不是我不明白，而是这世界变化快。”

竞争日趋激烈的今天，机会一般不会自动找到你，只有敢于表达自己，醒目地亮出自己，让别人认识你，才有可能得到机会。说到底，这是一种观念，是主动出击还是被动选择？也许这决定着你励志人生的分水岭。

一位老人从东欧来到美国，在曼哈顿的一间餐馆想找点东西吃，他坐在空无一物的餐桌旁，等着有人拿餐盘来为他点菜。但是没有人来，他等了很久，直到他看到有一个女人端着满满的一盘食物过来坐在他的对面。

老人问女人怎么没有侍者，女人告诉他这是一家自助餐馆。果然，老人看见有许多食物陈列在台子上排成长长的一行。“从一头开始你挨个地拣你喜欢吃的菜，等你拣完到另一头，他们会告诉你该付多少钱。”女人告诉他。

老人说，从此他知道了在美国做事的法则：“在这里，人生就是一顿自助餐。只要你愿意付费，你想要什么都可以，你可以获得成功。但如果你只是一味地等着别人把它拿给你，你将永远也成功不了。你必须站起身来，自己去拿。”

人生是一顿自助餐，说得多好啊！自助，就意味着你要靠自己，要主动出击，寻找机会。成功固然需要机遇，但是幸运女神不会垂青于守株待兔的人。

激烈竞争的年代，优胜劣汰不仅是自然法则，也是人生法则。如何在这世界上寻求一席之地呢？老人说得好：“人生就是一顿自助餐。只要你愿意付费，你想要什么都可以。”各种各样的东西摆放在那里，只要你有能力支付得起。但是，你如何能够支付得起你想要的东西呢？你只有成功，而“如果你只是一味地等着别人把它拿给你，你将永远也成功不了。你必须站起身来，自己去拿”。

主动出击，积极争取，难免会遇到失败。可能在你一百次的尝试中，会有九十九次都是失败的，但是只要你成功一次就已经足够了。相反，如果你只是消极地等待，可能一次都没有失败过，却同样一次也没有成功过，归根结底还是失败。

因此，时刻保持一颗积极的向上之心，消极等待是成功的最大的障碍物。不管什么时候，都要抓紧时间，主动出击，努力地去争取，不等待，不拖延，为自己创造更多成功的机会。

专注面前，一切困难都会节节败退

电影《阿甘正传》相信很多人都很熟悉，影片中阿甘跑遍美国的那一段情节不知道打动了多少观众。一开始，阿甘也是在冷嘲热讽中开始自己的历程的，但后来，他却带动了成千上万的人跟在他后面一起跑。其实，从“疯子”到“领跑者”，是每个人都要经历的一个过程，没有阿甘执着的精神是走不完这个过程的，而阿甘之所以能获得最后的成功，与他的专注精神也是分不开的。

著名的绘画大师、齐白石的弟子李可染，曾为变革山水画，行程数万里旅行写生。江南水乡，他边走边画，衣服破了，鞋子破了，他毫不在意。稍有畸形的脚让他的行走变得艰难、痛苦，可他硬穿着这样普通的鞋走了几个月。鞋子磨破了几双。

几个月之后回家，人已形同乞丐。正是他对绘画的那股热情，他的专注，他的心无旁骛，掩盖了所有伤痛，让他可以不顾形象的不堪而专心寄情于山水，将全部的心思化成墨水挥洒在洁白的画卷上。笔墨纯熟，挥写自如，意趣醇厚，风格独特，种种特点让他的创作高潮层层叠起，由此开创了他的绘画时代。

专注的精神往往并不是属于那些聪明人，反而属于那些在别人眼中看起来“固执”“有点傻”“比较笨”的人。有的聪明人拥有的能量是10，他将这能量分散在多个领域，每个领域他都能赚到钱，但每个领域投入的能量都不超过5；而我们大家认为比较笨的人，或许能量只有8，但聚焦在一个领域反而会有好的发展。

美国股神沃伦·巴菲特，半个多世纪以来，他都一直恰到好处地把握了时机，他的长期投资取得了惊人的回报。巴菲特把他自己的成功归结为“专注”。在平常，他除了关注商业活动外，几乎对其他一切如艺术、文学、科学、旅行、建筑等全都充耳不闻，因此他能够专心致志追寻自己的激情，从而获得令人钦佩的成功。

专注是对于专业求精的一种追求，正是由于专注，居里夫人才有了镭的发现；正是由于专注，爱迪生才用光明照亮人间；正是由于专注，才诞生了华特·迪士尼这位享誉世界的动画片之父。

荀子云：“蚓无爪牙之利，筋骨之强，上食埃土，下饮黄泉，用心一也。蟹六跪而二螯，非蛇鳝之穴无可寄托者，用心躁也。”将心专注，即使看似软弱的蚯蚓，也能拥有蟹望尘莫及的成功。所以，请专注于眼前，用一颗心无旁骛的心载你到达成功的彼岸。

皮特是个成功的演说家和作家。他喜欢在闲暇的时光中观察鸟类，他买了新房子后就在后院里装了个喂鸟器。就在当天日暮时分，一群松鼠弄倒了他的喂鸟器，吃光了里面的食物，把小鸟吓得四散而去。在接下来的两周里，皮特绞尽脑汁想出各种办法让松鼠远离喂鸟器，就差没有使用武力了，但丝毫不起作用。

万般无奈之下，皮特来到当地一家五金店，在那儿他找到了一种与众不同的喂鸟器，带有铁丝网，还有个让人心动的名字，叫“防松鼠喂鸟器”。皮特想，这回可保万无一失了。他买下它并安装在后院里。但天黑以前，松鼠又大摇大摆地光顾了“防松鼠喂鸟器”，照样地把鸟儿吓跑了。

这回皮特一败涂地，他拆下喂鸟器，回到五金店，颇为气愤地要求退货，经理说：“别着急，我会给你退货的，但你得回答我两个问题。首先你平均每天花多少时间让松鼠远离你的喂鸟器？”皮特想了一下，回答说：“我不清楚，每天 10 ~ 15 分钟吧。”“和我猜的差不多。”那位经理接着说：“现在请回答我第二个问题，你猜那些松鼠每天花多少时间来试图闯入你的喂鸟器呢？”此刻皮特马上会意，“在松鼠醒着的每时每刻。”

皮特说完之后，恍然大悟。

地势险恶的山谷，奔腾湍急的水流，几根光秃秃的铁索不免让人不寒而栗。而盲人能平安过桥，得益于他的不知山高桥险，能心平气和；聋人能过桥，是因为他不闻脚下咆哮怒吼，因此无所畏惧；健全的人能过桥，则是因为他的心无旁骛。我过我的桥，险峰与我何干？急流与我何干？是的，只有做到心无旁骛，专注于前，才能脚踏实地，稳步向前。

人生便是一场旅途，我们常常面临陡峭的山涧，处在进退两难的地步。人生的铁索桥可以横在旅途的任何一个地点，尽管山势巍峨，涧水轰鸣，只要我们保持一个平和的心态，专注于脚下的步伐，战胜心理的干扰与恐惧，再危险简陋的铁索桥，也都会成为我们脚下的寻常路。

一败不起，不会有什么大成就

成功与失败的距离只差一线。所以，当你遭遇失败的时候，不要直言失败。有时候，失败是恰到好处的清醒剂，失败有时会出现转机，人可能会把失败变成动力。曾有人说："成功是绽放在悬崖峭壁上的一朵奇葩，它只属于那些敢于向艰难险阻挑战的人，属于那些有顽强的意志向生命的高处奋勇攀登的人。"

沙漠中，有一条微不足道的小蜥蜴，它为等一滴生命的露珠，在烈日暴晒下能守上几小时不动弹。

而它唯一的希望，便是夜间湿雾形成在叶尖上的一滴露水，能被不经意吹来的风吹落，届时，它会以最快的速度去接这颗露珠。

可风是不是会刚好吹过？露珠会不会未滴落便被太阳晒干？纵然被风吹下，在滴落那一刻，它是否能接到？

但哪怕有万分之一的希望，它都坚守着。

路过的旅人看到了，也不去干扰它。小蜥蜴仍一动不动地盯着露珠……

傍晚，等旅人回来经过时，却发现，小蜥蜴被太阳晒死了，而那滴露珠也早被太阳晒干了。

怀着难过的心情，旅人中的一位女士，心疼地将这干硬的小蜥蜴装入喝完的矿泉水瓶里，想将它带回做个标本，以留做纪念。却不曾想，到了夜晚，小蜥蜴凭着瓶中那点水汽的滋润竟又活了过来。

泰戈尔曾说过："只有经过地狱般的磨炼，才能炼出创造天堂的力量，只有流过血的手指，才能弹出世间的绝唱。"是啊，人生如果一帆风顺，就缺少了那份阅历，人生如果失去了真实的历程，也就失去了意义。未经历过坎坷泥泞的艰辛，哪能知道阳光大道的舒适，未经历过风雨交加的黑夜，哪能体会风和日丽的怡悦，未经历挫折和磨难的人生，哪能刻骨铭心，意趣深远。

卡耐尔·桑达斯是肯德基炸鸡的创始人。65 岁时，他走访美国国内的快餐馆，多数餐馆负责人都嘲讽，讥笑他。面对一家家的拒绝，他还是一家家的尝试，终于有了第一家接受了他的秘方。秘方卖出后，每售出一份炸鸡他将获得 5 美分的回扣。他用了五年时间走访了几千家餐馆，最后，出售这种炸鸡的餐馆遍及美国及加拿大，共计 400 家。

当时，卡耐尔已经 70 多岁。1992 年肯德基炸鸡的连锁店在全美达 5 000 家，海外达 4 000 家，共计扩展到 9 000 家。

失败后面的成功不是等待，而是进取，是努力。只有那些在失败后，能调整好自己的心态，善于总结经验，吸取教训，并不断努力进取的人，才能从失败中重新站起来。

邵开高高中毕业后，他开过服装店，办过服装厂，后又转行办火腿加工厂，他短短数年内就完成了原始积累，拥有了数百万元资产。

1993 年，他与人合伙创办砖瓦厂，因土地权属不清而亏损 200 余万元。

消沉了半年后，他南下广东试图东山再起。受到广东人爱吃蛇的启示，当年他投资50余万元，回乡创办了花园蛇业有限公司，一炮打响，生意红火。

2003年非典肆虐，他的蛇业公司受到冲击，经过市场调查后，邵开高果断地关闭了蛇业公司而转行做海鲜生意，并在东门菜场内租了摊位。当时的东门菜场已有12家海鲜经营户，竞争相当激烈。那些经营户见到邵开高挤进来想分一杯羹，自然没有好脸色。

左邻右舍的海鲜都卖断档了，他的摊位就是没人搭理。他第一次进了15条多宝鱼，半个月过去了一条都卖不掉，老婆急得直哭。由于初涉海鲜经营，不知道不同的海产品需要配以不同温度和盐度的海水，才能保证存活率，结果最初的几个月里，他进什么就死什么，夫妻俩天天愁眉不展。最难受的是，经营海鲜经常要半夜三更去进货，每次进货都像打仗一样，在冬天，与冰冷的海产品打交道，夫妻俩手上都冻疮累累。为此，妻子经常哭。

他并不气馁，他暗中观察周围经营户的销售情况，又向批发商请教相关知识，提高了海产品的存活率。加上他为人热情善于交际，后来他终于打开了局面。

人生99%都是失败，能够正视失败的人才能从失败中奋起。

赤壁之战时，一代枭雄曹操，一阵东风，一场大火将他号称百万的大军，烧了个片甲不留。曹操却在仓皇逃命时谈笑自若："胜败乃兵家常事，待我回去，重整军马，他日再战必胜。"

失败是成功的前奏，世上从不缺少失败的人，而是缺少失败后还能站起来的人，因为这是强者。

你只需比昨天的自己更好，

Be your better self

第三章

你就是一道风景，没必要在别人的风景里仰视

心若没有栖息的地方，到哪儿都是流浪

世界上最悲惨的事莫过于此：高富帅的男人做了别人的老公，白富美的女孩做了别人的老婆。这样的人，信奉的是“生活在别处”。始终找不到自己，盲目地羡慕别人，以至于自己每天都生活得痛苦不堪。终日羡慕别人的生活，自己的心去哪儿了呢?

刘婷每次聚会时见面，她都会谈起那些让她羡慕的人。她说她家对门住了一个开宝马的女人。女人经常带着一个小女孩从宝马车里下来，然后步调优雅地上楼。每当听到对门门响的时候，刘婷就会竖着耳朵听，她听见女人一家三口说话的声音。刘婷说：“真羡慕那种有钱又有情的生活。”

那次她又坐那里羡慕，朋友听了她的话后说：“你不是也有一个可爱的儿子和一个爱你的老公吗？”没想到刘婷竟然说：“有个儿子也没觉得有多好。倒是看见有女儿的人家，一家人都生活得很甜蜜。而我老公那么木讷，既不幽默也不风趣。”朋友反驳刘婷道：“那叫忠厚老实好不好！像那样的男人，你打着灯笼都难找了。”刘婷听了伤感地笑笑说：“我倒

愿意找个人家老公那样的男人，长得帅，人又开朗，还会哄女人开心，多幸福啊！”

刘婷的话，让朋友彻底无语了。而最令人受不了的是，刘婷竟然还会不断变换羡慕的对象。有一天，她说：“真羡慕公司里的小刘，人家年纪轻轻，就当上了部门经理。每天工作轻松得要命，却拿着高出别人几倍的薪水；再看人家小张，每天把自己打扮得光鲜照人，都两个孩子的妈妈了，却还经常和朋友们到 KTV 去唱歌。真潇洒啊！”

我们可能或多或少会羡慕过别人，觉得别人都比我们幸福，有好的工作、有休息、有自由、有钱、有幸福的家庭，但是这只是我们对别人的印象，至于别人有没有觉得幸福，恐怕只有他自己知道。

当我们羡慕别人时就会觉得自己过得不幸福，自己的工作不好，自己没有自由，没有钱，但是却没有去珍惜在别人眼里你的幸福。在没有这次假期前，我也是这样，我总觉得自己的工作有多么累，工作有多么烦，每个月休息那么少，抱怨自己为什么没有好的工作，老板为什么总是那么不尽人情，在跟别人聊天时总是羡慕别人有双休，可以出差……

大学毕业后，包维尔对摄影到了痴迷的程度，无心去挣钱工作。从此包维尔过着简单的生活，从不理会自己的生活是富有还是贫穷，只要能够摄影也就够了。他穿着破裤子，吃着最简单的汉堡包。在别人眼里，他是困苦贫穷的象征，而包维尔自己却过得异常快乐。

在他 27 岁时，他的人物摄影技术开始登峰造极，成为世界公认的人物摄影大师，并为英国首相拍摄人物照，从此一发不可收。至今为全世界一百多位总统、首相拍过人物摄影。请他摄影的世界名流更是数不胜数，排队等候一两年是常事。包维尔成了一位真正的世界顶尖级摄影大师。

世界上既没有完美的男人，也没有完美的女人。既没有完美的工作，也没有完美的生活。女人，不要总是羡慕别人。不要让自己的心飘浮不定，也不要让自己的眼光总是看到别处。你也有自己的幸福。你所得到的幸福，说不定是任何人都得不到的呢！

农夫家里养了一头猪、一头牛、一只鸡和一只鹰。有一天，猪对牛说："下辈子我要做一头牛，我可以用一身强健的肌肉去地里干活，不用再被人类宰割。"牛低下头，看一眼猪说："下辈子我要做一头猪，不用干活，不用挨鞭子，吃了就睡睡了就吃。"

农夫家里的鸡飞上墙头，用羡慕的眼神看着拴在铁柱上的鹰说："下辈子我要做一只鹰，可以展翅高飞，云游四方，不用整天待在这个鬼地方。"鹰则摇摇头说："下辈子我要做一只鸡，渴了喝水，饿了吃米，有一个温暖的窝和安定的生活。"

猪和牛在相互羡慕，鸡和鹰也在相互羡慕。它们都只看到了别人的幸福，却看不到自己的快乐。

生活中常常打扰我们，让我们感到不安的，往往并不是我们自己，而是别人的生活和别人的模式。

总是羡慕别人的生活，就会给自己造成混乱和迷茫，甚至使自己不得安宁。羡慕别人的代价，常常就是失去自己。不去羡慕别人，你的日子就会变得悠然平静，从容不迫。别去羡慕别人，过好自己的日子。

上帝是公平的，因为他对每个人都不公平

马云说："世界本来就是不公平的，也没有人是完美的，你的职责是比别人多勤奋一点、多努力一点、多有一点理想。要懂得左手温暖右手，相信明天会更好，我就是这么走过来的。我们永远要积极、乐观地看待未来。在我 20 岁、30 岁的时候，我也跟大家一样抱怨过，我父亲为什么没有地位？为什么不是局长？我舅舅为什么不是银行里的？我为什么应聘三十几份工作没有一份录取我？"

刘春江毕业于普通的美术院校，后来他自费进修油画专业。进修的费用对于当时的刘春江来说是一笔巨款。于是，刘春江开始琢磨生财之道了：卖灯笼。但人算不如天算，那一年除夕灯会取消了。第一次努力改变命运的行动失败了，刘春江并没有彻底失望，他决定转行做装修生意。他用借来的 2 万元创办一家装饰装修公司。

由于受过深刻艺术熏陶，他有着比普通人更加敏锐的眼光和更加严格的要求，以艺术家特有的完美主义，他把装修做成了一门艺术。

众口皆碑的声望，吸引了众多顾客，连国外的一个大客户也慕名而来，

居然要刘春江的装修公司去装修一艘游轮。但是，时间只有一个月。客户说："如果你不行，我马上请别的装修公司。"

刘春江答应之后就后悔了，因为他看到要装修的游轮竟是老旧的船。工人们抱怨说："这种船装修起来费时费力，还不一定能完工。"但刘春江并没有说什么，带着手下一帮工人，开始没日没夜地拼命了。

整整一个月的时间，刘春江和手下的装修工人形同乞丐，就是这一群累得和乞丐差不多的人，终于按时完工了。自从这项改建工程完工后，公司名声大振。

马云去应聘肯德基擦盘子的工作也被拒绝过，他也抱怨过，但是抱怨有什么用？正如他所说："我相信在我 20 岁的时候，这个时代不是我们的；我相信 40 岁的时候，这个时代是我们的。为了 40 岁的时代，我从 20 岁开始寻找完善的机会，寻找未来而不是埋怨别人。"

人总是在遭遇一次重创之后，才会幡然醒悟，重新认识自己的坚强和隐忍，所以，无论你正在遭遇什么磨难，都不要一味地抱怨上苍不公平，甚至从此一蹶不振。人生没有过不去的坎，只有过不去的人。

威尔•鲍温在《不抱怨的世界》一书中不留情面地指出，"我们抱怨，是为了获取同情心和注意力，以及避免去做我们不敢做的事。"

每个人都不会一直是幸运的，面对不佳的际遇，一时的坎坷，大多数人都抱怨命运的不公、上帝的捉弄，却很少有人能正视自己，冷静地剖析自我，问一问是否已经将自己磨炼成一块金子，一块熠熠生辉的、足以让人一目了然的金子。

张志鹏有个同学，工作 3 年就换了 9 个单位，最近他又闷闷不乐地来找张志鹏喝酒，说是由于得不到老板的重视，身边的同事大多不愿和他谈话，他对那份工作一点儿兴趣也没有了，他想辞职另找一份工作。张志鹏十分了解他的性格，他是那种有上进心，但是又很自负的人，总觉得自己比别人强，有时候甚至还不懂装懂，瞧不起别人。在大学的时候就由于这种性格和很多同学搞僵了关系，人际关系非常糟糕，所以在学校的时候，他就盼望早点毕业换个新环境来摆脱学校这个他认为很糟糕的环境。可是3年来，他频频跳槽，由毕业前的雄心壮志变成了现在的郁郁不得志。

张志鹏没有直接说什么而是给他讲了一个故事：一只乌鸦打算飞往南方，途中遇到一只鸽子，一起停在树上休息。鸽子问乌鸦："你这么辛苦，要飞到什么地方去呢？为什么要离开这里呢？"乌鸦叹了口气，愤愤不平地说："其实我不想离开，可是这里的居民都不喜欢我的叫声，他们看到我就撵，有些人还用石子打我，所以我想飞到别的地方去。"鸽子好心地说："别白费力气了。如果你不改变你的声音，飞到哪里都会不受欢迎的。"

听了这些话以后，他的同学涨红了脸。

无论生活中还是工作中，当你认为自己遇到了不公平的待遇时，先冷静地想想到底问题出在哪里，找到问题的症结，解决问题才是正道，而不是用抱怨和逃避的消极态度面对问题。

任何抱怨都无济于事，最明智的做法是将抱怨化为行动。经常遭受挫折、打击和失败的人，常常习惯于责备社会、制度和人生，抱怨自己运气不好。对于别人的成功与幸福，总是愤愤不平。因为他认为，这些都足以说明生活使他受到不公平的待遇。

有人去德国旅游的时候在慕尼黑、法兰克福的市中心都见过一些流浪汉，他们和我们通常以为的乞丐完全不同，他们看上去很快乐，手里攥着酒瓶子，衣着整洁，很友善地和我们打招呼（没有要钱的意思）。他问导游，这些家伙会不会酗酒闹事？导游说："才不会！他们是一些不愿意工作的人，每个月领一些救济金，够他们吃饭、喝酒，如果他们闹事，那就连酒都没得喝。所以，这些人绝对不会去做违法乱纪的事。"

人家穷，但是不觉得有什么"不公平"。因为他们很明白，一分耕耘，一分收获。

少走了弯路，会错过风景，也要感谢经历

鲁迅先生说，世界上本没有路，走的人多了，那便有了路。人人面前本来都是弯路，弯路走多了，便走上了直路。

在北美洲广阔的针叶林中，生活着一种名为“花腹驼鹿”的特殊鹿群。它们的体型、外表与一般的驼鹿无二，只是腹部布满不规则的花纹，而且十分美丽。更奇怪的是，在北美漫长的冬季中，被冻死的动物不计其数，唯独没有花腹驼鹿，因此它们被看作“天神的使者”，并规定猎人决不允许向它们开枪。

一个偶然的机会，人们发现了花腹驼鹿腹部花纹的奥秘：原来刚生下的小驼鹿并没有花纹，而每当秋季来临时，母驼鹿便会带着小驼鹿数次穿过一片长满荆棘的空地，小驼鹿的腹部被划出无数血痕，等这些伤口痊愈后就形成了奇异的花纹；而小驼鹿也因腹部疼痛不能卧下休息，只能拼命进食。这样，当寒冷而且食物缺乏的冬天来临时，每只小驼鹿都积累了足够的脂肪。而这也恰巧是花腹驼鹿在漫长的冬季不被冻死的原因。荆棘丛正是小驼鹿成长中的弯路，若没有经历这条弯路，小驼鹿将会因寒冷和饥饿而死去。

爱情的路上，她也走过一小段弯路。那时，她遇到一个男人，他长相不错，家境也好，和他交往，满足了她的虚荣心。交往了一年多，他的那些情话说了又说，她以为真的会像他说的那样，他会牵着她的手走到天长地久。直到一个要好的同事告诉她，他还和别的女孩交往，她才如梦初醒。原来，有一种男人，只会用甜言蜜语伪装自己，却从来不会付出真心。这次失败的爱情，让她转变了恋爱标准：爱情是自己的事，不是给别人看的。从此，她也学会了识人的方法，不要被表面现象蒙蔽。几年后，她找到了适合自己的爱人。

老子说过，千里之行，始于足下。在一点一滴的积累中，我们总结了很多，悟通了很多，拥有了很多。在以往的弯路旅途中，我们收获了很多。回头想想，那正是我们通向成功的必经之路，没有在弯路上的摸索和拼搏，努力和付出。我们就不可能找到一条属于自己的直路。

他成绩不好，没考上大学。于是他进了工厂，先跟着师傅学钳工，当那些锤子、锉刀、锯弓摆在面前时，他像误闯进原始森林，觉得前途是大片的迷茫。他做梦都想做一名业务员，但是没有办法，只得咬着牙学习钳工技术，手上磨出了血泡，泡好后变成厚厚的茧，那时，所有的脏活累活都归学徒。工作让他变得粗糙，跟着工友们喝劣质酒，抽便宜的烟，而独自一人时，心却隐隐作痛。

他没有退路，又不甘心，于是偷偷报名读补习班，参加成人高考。白天在工厂工作一天，人疲惫得像散了架的机器，晚上仍坚持着熬夜看书，功夫不负有心人，几十人参加考试，唯他一人录取。有了文凭，后经熟人介绍，他总算如愿做了一名业务员，后来，他注册了属于自己的公司，现在为他工作的人已经有 200 人。

虽然期间他的公司经历过一次火灾、员工集体离职，他还是挺了过来。回想起当初的弯路，这些困难挺一挺也就过来了。

弯路，并不受人喜欢，人生的弯路何尝不是如此。年长的人，喜欢讲述自己的阅历，以告诫年轻人怎样规避弯路，殊不知，经验往往是无法移植的。重要的是，在人生的每一个拐弯点，你选择沉沦还是突破。

张爱玲说：“在人生的路上，有一条路每个人非走不可，那就是年轻时候的弯路，不摔跟头，不碰壁，不碰个头破血流，怎能炼出钢筋铁骨，怎能长大呢？”

取悦自己才是奢侈的任性

有些时候，特别是当别人的期待与我们自己的利益不谋而合的时候，迎合别人也无可非议，当然并非如此不可。要敢于取悦自己，过自己的生活，而不是别人的生活。不必为取悦或迎合别人而活。

宋代有位文人满腹经纶，但写的诗却没人欣赏。有一次他去山上游玩，遇到一位禅师。

文人向禅师说了自己的苦恼。禅师笑了，指着窗外一株茂盛的植物说："你看，那是什么花？"学者看了一眼植物说："夜来香。"禅师说："对，这夜来香只在夜晚开放，所以大家才叫它夜来香。那你知道，夜来香为什么不在白天开花，而在夜晚开花呢？"学者看了看禅师，摇了摇头。

禅师笑着说："夜晚开花，并无人注意，它开花，只为了取悦自己！"学者吃了一惊："取悦自己？"禅师笑道："白天开放的花，都是为了引人注目，得到他人的赞赏。而这夜来香，在无人欣赏的情况下，依然开放自己，芳香自己，它只是为了让自己快乐。一个人，难道还不如一种植物？"

禅师看了看学者又说：“许多人，总是把自己快乐的钥匙交给别人，自己所做的一切，都是在做给别人看，让别人来赞赏，仿佛只有这样才能快乐起来。其实，许多时候，我们应该为自己做事。”学者笑了，他说：“我懂了。一个人，不是活给别人看的。”

禅师笑着点了点头，又说：“一个人，只有取悦自己，才能不放弃自己；只要取悦了自己，也就提升了自己；只要取悦了自己，才能影响他人。要知道，夜来香夜晚开放，可我们许多人，却都是枕着它的芳香入梦的啊！”

人们不停地有意无意地告诉我们：什么是对的，什么是错的；什么是真的，什么是假的；什么是美的，什么是丑的；什么是快乐的，什么是悲伤的；什么是幸福，什么是痛苦；什么应该做，什么不应该做……逐渐地我们越来越相信他人的言语，思维中总刻有他人的影子；逐渐地我们越来越依赖他人的言语，在意他人的态度；越来越想得到大家的肯定。所以我们也越来越趋向于取悦每个人，因为大家似乎只有这样，我们内心才不孤独，认为世上有人与我们“志同道合”。

其实，何必去取悦每个人呢？人是不可能十全十美的。无论你做得多好，也无法达到每个人的要求，无法不让人说。那又何必去追求表面上的志同道合呢？还不如多多地取悦自己来的痛快。

乔布斯说：“不要让他人的观点所发出的噪声淹没你内心的声音。最为重要的是，要有遵从你的内心和直觉的勇气。”从长远来看，只有这样的选择才能真正地让你与工作身心合一，让你的工作不仅仅是一份工作，而成为一份事业。任何扭曲自己的工作选择，最后不是以庸碌无能收场，就是在走了一大半之后还要付出从头开始的代价。

乔布斯很少迎合别人，包括自己的产品，哪怕客户不高兴，他还是绝不妥协。

苹果在打造第一款Mac的时候,设计人员实际上为其设计了“扩张槽”,以便用户可以定制他们的机器。但乔布斯拒绝了这个方案，因为他希望这台机器是封闭而又完美的产品。

苹果前高管皮特·坎贝尔对乔布斯如此评价说：“但他知道这是消费者们想要的。”

以 iMac 的设计为例，乔布斯并没有为 iMac 配置软驱，但是软驱却成为当时所有电脑的标准配件，在乔布斯的设计理念里，传送信息或者数据通过互联网或者电子邮件即可，不过这种超前的观念引起了消费者的强烈不满，甚至当时外界普遍质疑 iMac 产品注定失败。

但是，乔布斯丝毫不为所动，始终坚持 iMac 不配备软驱，而是设置了 USB 接口，用它来连接外围的设备。短短几年，软驱被市场淘汰，电脑发展的趋势证明了乔布斯的独到眼光。

“我们需要明白的是自己需要什么，而且我认为我们比较善于用正确的标准来判断大众是否也想要得到它。”乔布斯表示。

此后，在风靡全球的 iPad 上，乔布斯再次因为拒绝使用广泛应用的 Flash 而遭到外界的质疑。对于外界的质疑，他只是简单地解释：“Adobe 太懒、Flash 太不稳定。”乔布斯认为，Flash 早晚会像软驱一样退出市场。

“不管怎样，这就是我的做事方法，也是苹果产品与众不同的原因所在，如果你只想买一个大路货，那就去买戴尔的产品好了。”乔布斯一直没有丝毫妥协的意思。

取悦客户不足以让客户永远地爱自己的产品，取悦同事也不足以让他们一直感到愉快，但取悦自己会让自己更有韵味。

先取悦于己，然后才能取悦于人。犹如夜里才开花的夜来香，先让自己馥郁芬芳，自然就能赢得他人的青睐。

该说“不”时就说“不”

总有人认为拒绝表示漠不关心，甚至自私，害怕令别人灰心。此外，还害怕被讨厌、批评，损害友情。有趣的是，拒绝的能力与自信紧密联系。缺乏自信和自尊的人常常为拒绝别人而感到不安，而且有觉得别人的需求比自己的更重要的倾向。

因为不知拒绝，让自己的生活总是身不由己，往往陷入一团混乱。也就是说，一直不向他人说不，通常落得冷酷无情的人跟自己说不。因此，合宜而明确地说出心中真正的想法，是 EQ 高手不可或缺的人际技巧。

心理学家认为：每个人都是孤独的，加入群体会让他们感觉很踏实。拒绝他人的要求会让自己很不安，因为他们怕自己回到孤独。

夏琳是一位大型企业的宣传部工作的职员，由于办公室里有几个即使电话铃响过多次也不会去接的男同事，所以她每天都为照看办公室的多部电话而忙碌不堪。如果遇到某一天电话特别多，那她通常是根本无法完成本职工作的，往往要加班到很晚。然而，男同事们依然拒接电话，甚至是眼皮底下的电话，也要等着她转接给自己。

不仅如此，其他部门的人员开会，也会麻烦夏琳。每次她都是掩饰住心中的不悦，面带微笑地为他们冲咖啡。就这样，夏琳的工作内容，日益倾向于杂务，最终竟然连打扫卫生的工作都负责。

其实，她与其他同时期被录用的男职员是以相同的资格进入公司的。就在最近，同期进入公司的男职员们纷纷升迁，唯独她落选时，她才深刻地意识到事态的严重性。于是，她下定决心无论电话铃声响几次，绝不再接听电话，直到有人不耐烦地喊道：“夏琳，你怎么不接电话？”她仍然故作投入工作状态而不加理会，接着，又传来另一个同事的吼声：“快接电话呀！”最后，还是那个最先让她接电话的人无可奈何地接了电话，而电话恰好就是找他本人的。等他通完电话，夏琳立刻以所有人都能听到的声音，很平静地表明了个人的立场：“我希望大家今后都能负责起各自面前的电话，我也很忙，有很多事情要做，希望大家体谅一下。”

她的话音一落，刹那间众人无声，直到有一人应和：“没错，自己的电话，应该自己来接。”其他人也随之附和起来。从此，一直认为杂务理应是夏琳所属的男职员们，也开始自行打理属于自己的各项事务。

对于同事、同学或朋友这些人的要求，都有一个说不出“不”的心理。但还是竭尽全力赴约或帮忙，也不愿拒绝要求，即使自己也没有时间或能力。其实学会委婉地拒绝同样可以赢得周围人的尊敬。

有些职员总爱把问题扔给上司，以期从上司那里得到标准答案。但是作为上级却不应该过多干涉。传统的管理观念是上司一定要比下属有能力，所以，很多管理者生怕下属认为自己能力低、不称职，因此事无巨细尽量满足下属的请求，从而求得下属的依赖。不如尝试着拒绝，让下属自己解决问题。

有一天，一位下属在公司办公室的走廊里与刘经理不期而遇，下属忙停下脚步："哎呀，老板，好不容易终于碰上您了。有一个问题，我一直想向您请示该怎么办。"接下来，他如此这般将问题汇报一番……

刘经理一直在认真倾听，并不时点头，几分钟后，问："你觉得该怎么办呢？"

"老板，我就是因为想不出办法，才不得不向您求援的呀。"

"不会吧，你一定能找到更好的方法，"刘经理看了看手表，"这样吧，这件事我一时半会儿也拿不出更好的主意，我现在正好有急事，不如这样，明天下午四点后我有一点时间，到时你先拿几个解决方案来一起讨论讨论。"

告别前，刘经理还没有忘记补充一句："你不是刚刚受过'头脑风暴'训练吗？实在想不出，找几个搭档来一次'头脑风暴'，明天我等你们的解决方案。"

第二天，下属如约前来。从他的表情看得出，他似乎胸有成竹："老板，按照你的指点，我们已有了 5 个觉得都还可以的方案，只是不知道哪一个更好，现在就是请您拍板了。"

刘经理说："方案的优劣你一定知道，你自己看着做吧，我相信你。"

事实上，我们答应或帮助别人，要在时间允许和力所能及的范围之内，如果超出了客观条件，勉强为之，可能引起对方不切实际的期待，期待落了空，自尊心自然受损，而自己也会造成心理负担。不妨试着拒绝，这里有些小方法。

拒绝法一：缓冲法。哦，我再和朋友商量一下，你也再想想，过几天再决定好吗？

拒绝法二：婉拒法。哦，是这样，可是我还没有想好，考虑一下再说吧！

拒绝法三：幽默法。啊！对不起，今天我还有事，只好当逃兵了。

拒绝法四：借力法。你问问他，他可以做证，我从来干不了这种事！

拒绝法五：回避法。今天咱们先不谈这个，还是说说你关心的另一件事吧……

我活着不是为了取悦你

人在世上，不管做什么事，都会招来别人的议论和评价。如果你特别在意他人的看法，行动起来未免畏首畏尾，把自己搞得很紧张，好像为别人活着似的。不要让取悦别人成为自己的“潜规则”，那样活着太累了。你不是演员，不是在表演。别人的看法只是过眼云烟，你也对别人有过看法。

莫言在获得诺贝尔文学奖后，对他的各种评论都有。莫言超然地说：“起初，我还以为大家争议的对象是我。渐渐地，我感到这个被争议的对象是一个与我毫不相关的人。我如同一个看戏人，看着众人的表演。我看到那个得奖人身上落满了花朵，也被掷上了石块、泼上了污水，我生怕他被打垮。但他微笑着从花朵和石块中钻出来，擦干净身上的脏水，坦然地站在一边。”

有人问美国华尔街 40 号国际公司前总裁马修布拉：“你是否对别人的批评很敏感？”马修布拉回答：“早年，我对这些非常敏感，我力争使公司里的每一个人都认为我非常完美。要是他们不这样想的话，我就会感到忐忑不安，甚至很忧虑。只要有一个人对我有怨言，我就会想法子取悦他。可是，我做了讨好他的事，总会让另外一个人生气。等我想补偿这个人的时候就又会惹恼其他人。最后我发现，我越想主动地讨好取悦别人，就越会使我的敌人增加……”

工作中，你只要超群出众，就一定会听到各种言论。所以，要学会趁早习惯。把自己分内的事做好，不要在乎别人的评论，不要让别人影响你的工作、生活。

有句话说：“20 岁时，我们顾虑别人对我们的想法；40 岁时，我们不理会别人对我们的想法；60 岁时，我们发现别人根本就没有想到我们。”这是一种人生哲学。

过分看重别人的看法，既累人累己，又于事无补。人们往往都希望给自己所遇到的每一个人都留下好印象，别人最好只是注意到自己的长处，同时忽略掉自己的短处。当察觉到自己的某些言行给别人造成了不好的印象时，便整日忐忑不安，忧心忡忡。在说话做事时更加谨小慎微，生怕哪句话说错了，得罪了别人。

有时候过分看重别人对自己的看法，仿佛自身的一举一动都被众人所关注，因此谨言慎行。但一味对自己求全责备，以至于怕言语伤人而错失好友，就未免过于极端。我们有太多的时候都生活在别人的价值观里。所以，我们有时候当众摔了一跤，首先不是疼痛，而是感到没有面子。

其实，别人怎么看待你，那是他的事。有时尽管你很努力了，别人仍会觉得你如何如何，你总不能一辈子为了他人而活吧？尽管有些人对你很重要，但有时你越在乎结果，可能会越糟糕，你就是你，不必让所有的人都认同自己。过分在意自己在别人眼中的印象，只会成为自己在交流中的一大障碍，久而久之就会变成一种心理压力，压得自己无法喘息。

一个画家想画一幅人见人爱的作品。画好后，他决定拿到市场上去检验。于是，他把画挂在市场上，并在画的旁边放上一支笔，写明“请在你认为不完美的地方做个标记”。

一天下来，画家取回了画。天呀，画上到处都是标记。画家失望极了，原来自己的画就这个水平呀！但画家转念一想，不至于啊！自己好歹也是个专业画家，不会差到这个程度。

于是画家决定再换另一种方法试试。

第二天，画家又描摹了同一幅画，然后挂在市场上，并写明“请在你认为最满意的地方做个标记”。

晚上，画家取回了画。看完画，画家笑了。原来，画上也涂满了标记，在原来不满意的地方，也被人做了最满意的标记。画家明白了，不论做什么事，让所有的人都满意是不可能的，一人一个眼光，一人一个看法，让一部分人满意就足以欣慰了。

人活在这个世界上，不是为了他人而活，而是追求自我价值的实现。生活中的我们常常很在意自己在别人的眼里，究竟是一个什么样的形象。因此，为了给他人一个比较好的印象，我们总是事事谨慎，时时小心，却让自己失去了坐标，不知该何去何从了。

我们需要与别人交往来体现自己的价值，但如果一味地迎合所有人的欣赏情趣，则会让自己陷入一种不可摆脱的迷惑中，任何一个人都不可能得到所有人的认同。如果总是患得患失，过于注重别人的态度，将自己的得失建立在别人的言行上，又哪有开心的日子过呢？别人要误会，让他误会好了，何必在乎？如果有人看不清楚事实，那纯粹是这个人的损失，与你无关。别人冷漠了你，并不意味着你的价值不存在；别人看轻你，不要紧，只需自己看重即可。别太在意别人的看法，每一个独立的生命都有其独特的轨迹，无须他人的价值观来评判自己的价值。

人生短暂，总是去迎合别人，我们就没时间去寻找属于自己的快乐。请别在意别人的想法，每个人活着其实都是为了自己，如果我们把这一点想通了，也就能很好地处理自己的人生了。

今天天气真好

《红楼梦》开篇中，有一首诗："满纸荒唐言，一把辛酸泪。都云作者痴，谁解其中味？"曹雪芹虽说自己写的"满纸荒唐言"，却不影响《红楼梦》成为名著。

与人相处自始至终一本正经的模样并不见得招人待见，因为这是充满人情味的世界。两人初次见面时，说一些无关痛痒的"废话"，如谈谈天气，讲讲街巷趣闻等。"一句生，两句熟"，很快就能消除彼此的隔膜和陌生感，为"言归正传"铺路子。

孙莉大学毕业后，进入一家大型财务公司，半年的时间她从会计员变身为财务部主管。孙莉其貌不扬，却是公司人缘最好的人。

每天中午在职工餐厅吃饭时，总有人端着餐盘往她身边凑。无论男男女女，都乐意跟她一起共进午餐。有人问同科室的一个同事为什么大家都喜欢孙莉，同事想了想说，可能是因为孙莉是个话匣子吧！

有天早上同科室的同事早到了，就在中庭的绿化带散步，她远远地冲经理招手："一大早就在这儿吐纳，你很会养生呀！"经理客气地跟她说我了解一点中医，20分钟的时间就在她噼里啪啦的废话中一眨眼过去。

她那位同事觉得听她讲那些废话，似乎颇有点宁神静气的效果。于是，同事也慢慢跟她成了朋友，越来越愿意整天听她絮絮叨叨地说个不停。

其实我们每天都在废话中度过。早晨上班在交通车上见到同事，你说“今天天气真好！”这就是句“废话”，太阳都那么明媚了，谁不知道？中午在写字楼过道见到了熟人，你问“吃过了吗？”这也是句“废话”，你自己已经在打饱嗝了，压根儿就没打算请客，他要还没吃饭，你又能怎样？还有路上碰到熟人，问“你去哪呀？”“你气色真好！”等，大多也是废话。

不过这些废话并非一点作用都没有。你试试一天到晚不跟人寒暄两句打个招呼什么的，人家一准以为你是病了；熟人见面人家将你视为路人，你也许就要琢磨一番，是我借了他钱没还，还是他做了什么见不得我的事？

其实废话的好处还是不少的。一次会议的中场休息之后，许多人迟到。大老板面露愠色。大部分人默默地进来，默默地入座，空气十分凝重。只有一个中层女经理人未到，话先到：“哎呀呀，卫生间的队好长啊。老板，你怎么雇了这么多女人啊！”一句话把大老板逗乐了。

刘灵是个海归，同事们都非常羡慕她。但她却嬉皮笑脸地说，在爱尔兰留学那几年，最大的收获不是学历学位，而是学会了做个“话痨小姐”。她说爱尔兰被称为世界上最爱说废话的国家，爱尔兰人的口号是——无“废话”，不精彩。

在爱尔兰，如果等巴士的时候不跟身边的人聊上一阵，那就是失礼和粗鲁的事；如果在戏院排队买票，就必须得跟身边一起排队的人扯上几句，这样才是正常的行为……

回国求职时，刘灵的面试得顺利，别人都是正襟危坐地介绍自己的学历、能力、施政纲领、远期规划，她却屁股还没挨着椅子就冒出一句话——我觉得贵公司洗手间里的洗手液掺水太多了，当然公用洗手液掺水是符合节省开支理念的做法，但根据我的了解3：7的比例是最合适的，再高就会造成一次挤压出来的洗手液达不到清洁效果，必须二次追加，反而造成浪费……刘灵本来应聘的位置是行政助理，就因为面试开始时的这一通废话，老总慧眼识珠，钦点她留下来直接就任后勤部执行主管。

有句堪称经典的废话——今天天气真好！包括国家元首在内的问候，都会说这句典型没话找话的废话。每个人活在这个世界里，都知道今天天气好不好，可是，为什么非要说这句话呢？其实，说这句话的目的，就是要引申出其他更多的内容。

所以后面就有了对答："嗯，今天天气真的很好！""想不想去哪里玩？""想过！本来准备去郊游。""可为什么没去呢？""没钱了！""这个月没发工资啊？""发了，用完了！""那么快就用完啦？你都用到哪去了啊？""买衣服，买护肤品……"

看，一句"废话"引出多少废话来。虽然"废话"的意思并不明确，可"废话"在人际交往中却不可或缺。它既可以沟通思想，拉近彼此的距离，又可以促进感情交流，摸清对方的喜好、性格特征和对自己观点的支持与认同感。人们在交流过程中，其实往往是靠"废话"来联系的。

废话，真实地讲，就是没有目的的语言，因为没有目的，更能让人亲近，让人信任。我也终于明白孙莉如此受欢迎的原因了，正因为她“废话”连篇，说出的话没有目的性，让别人在她面前交流没有利益得失的嫌疑，感觉很放松，很信任，进而产生一种亲近感，愉悦感，跟她做好友就成了自然的愿望。做个受欢迎的人，其实就这么简单。

招待好离你最近的客户

有上班族一玩笑说："有一种危险叫作'领导'，有一种警告叫作'领导来了'。"对于上班族来说，最直接的领导就是自己的上司。可是有很多人对自己的上司有一种敬畏，因为上司有关键的两个权限：你的去留；你的升降。对于吃货来说，前者是有没有饭吃的问题，后者是能不能吃上好饭的问题。

一个公司就是一条船，自己与上司在同一条船上，没必要见上司像耗子见猫一样。大家最终目的是在公司的这条船上，付出得到回报。也就是你好，他好，自己才会更好。

张志明在一家公司做国际贸易的工作。这个公司以前的销售量就很好，一直在区域处于领先地位。不过最近公司又加入了一个网络平台，而他的任务就是负责网络销售，可一个月过去了，他这边根本没有什么起色。

他的办公室离公司员工办公室很远，离经理的办公室也远，感觉就像隔离的一样，再说他也是新来的，一直以来都和同事之间没有什么来往，就吃饭的时候见个面，有时只是向老板简单汇报业务消息。

新的平台加上他又没太多经验，不过业绩考核标准在那儿放着呢。一个偶然的机会，经理知道了他的状况。在业务上给予了指点，同时又告诉他有问题也可以向同事们求助。

后来公司表彰大会上，张志明发自内心地说："有些问题自己一个人很可能百思不得其解，但是问问身边人或经理就可能迎刃而解。"

有人说，上司是离你最近的客户。如果自己连这个客户都招待不好，那自己工作的业绩就可想而知了。招待这个特殊的客户，溜须拍马的办法起不了什么作用。

上司要对公司高层负责，也就必须知道下面的动态，这时必不可少的就是沟通。有人受"伴君如伴虎"的思想影响，在上级身边做事，总是感到毛骨悚然，战战兢兢。其实，如何对待上司，说复杂也复杂，说简单也简单。好的沟通永远是人际关系的最佳出路。

与上司保持高效的沟通，就要勤汇报、多请示。在汇报和请示中，寻得上司的声音和意见，在做事中才能把握好方向，深得上级的满意。这种汇报和请示，对于上司来说，下属表现了最大的诚意，尊重了自己的意见和看法，他们当然会对这样的下属刮目相看，委以重任。

董丽在一家销售跑步机的公司做文员。公司规模不大，三间办公室就是公司的场地。

虽说文员是一个闲职，但董丽并不轻松。她每天早上六点起床去上班，晚上七点多才能下班。整个办公室里，就只有她和经理两个人坐守着，其他都是业务人员出去跑业务了。

董丽每天要接听很多的电话，有打电话要来面试的，有打电话说要订货的，当然也有打电话说买的东西坏了要来换一个的……

这些事她都会向经理汇报，虽然经理说找他有事的电话给他说一下即可。但董丽想着公司里的事，经理有必要有一个大体的了解，就一直坚持在不打扰经理的情况下粗略地汇报一下。经理见她做事这么认真、积极，就没有说什么，只是刚开始觉得会烦她，后来才发现这样也不错，自己对公司的运转情况了解得更多了。

有一次，经理刚好出去了，办公室里就剩下她一个人，有一个顾客打来电话说是买的跑步机坏了要亲自来换一下，并且还要再来买两台。董丽心中很忐忑，她没有帮顾客提货的权限，就向顾客说了公司的地址，顾客有空的话可以过来一下。

打完电话后，董丽立马联系经理，可经理的电话一直都没有接通，她不知道怎么办才好，只有在那里等经理回来。经理出去的时候，交代过她说一会儿回来。

半个小时过后，经理和顾客同时出现在了门口，经理不明白是怎么回事，径直走进了自己的办公室。

董丽让顾客坐下来，倒了一杯茶，端给顾客。她先是去了经理办公室向经理请示了一下顾客的来意，等待经理的答复。

经理说："怎么不早说，我要是回来晚了，你就要自作主张把事情处理了吗？"董丽说："没有联系到你，只能等了。也没想到顾客来得这么快。"经理本想批评她，说她自作主张，可又想平时她规规矩矩向自己汇报相关的事情，就没有再说什么。

得到经理的批示后，她去仓库取来了跑步机交给了顾客。这件事最后总算是顺利地解决了。

如果与上司沟通不畅，很容易做超越权限的事。如果一切事情下属都可以做决策，那还要上级做什么？这样做的下属究竟有没有把上级放在眼里？董丽做事有不周到之处，才会招来经理的不满和反问。

在职场中，还要牢记的一点是：在汇报和请示中，不要添油加醋。

不要联合鸡蛋打石头

鸡蛋碰石头情有可原，因为鸡蛋没脑子。

在职场和上司对着干的人都没有什么好结果。都说“枪打出头鸟”这句话是说的没错，因此不要冲动地去做事情，凡是都要三思而后行，老板交代的事情尽量去办好，这样你就不会成为被职场枪毙的“鸟”了。

前些年孙同刚到一家新公司任总经理，曾有这样一个下属，尽管业务能力平平，但表现得十分积极肯干。当时他所在的部门由于刚经过改革，人员流失十分严重，虽然很多人说他是当面一套背后一套，但孙同当时还是考虑看人看主流，只要能在关键时候把工作顶起来就行了。于是孙同力排众议，聘任这个下属为部门助理。

这个下属当上助理后不久，不良的本性便暴露了出来。不仅工作懈怠，而且生活中品行不端，搞得人际关系也十分紧张，另外他还到处吹嘘与孙同的关系如何“铁”。后来竟然发展到与孙同当面较劲，在一次年底评选先进中，经过民主测评、集体研究后，凭他的表现自然与先进无缘。他先是到处大发牢骚，认为自己没当上先进太没面子，后来竟发展到在一次集体聚餐时，当着全体职工向孙同发难，提出部门助理不干了。

说实话，孙同本就有对其免职之意，这次正好借机解除了他的职务。当然在正式免职之前，孙同和他很好地谈了一次，既肯定成绩又指出不足，希望他能重头再来。

其实在职场中，上司和下属本是一对合作方，合作得好才会双赢。有些人年轻气盛，经事不多；有些人自视过高，心存不服；有些人逆反心理严重，对上司看不惯；还有一些人由于自身利益一时难以得到满足，于是对上司产生一种强烈的抵触情绪，有意无意地和上司斗斗气，专门跟上司作对较劲，这实际上是一种极其幼稚的表现。

上司对下属不可能事事兼顾，下属对上司也不可能处处顺眼，相互之间产生矛盾是不可避免的。解决矛盾的途径，只有多沟通、多包容。作为处于劣势方的下属，更应该在沟通和包容方面多主动一些。如果因为心存芥蒂，就想着跟上司较劲，甚至把不满情绪带到工作之中，那最终吃亏的只会是你自己。

上司不是圣人，即使再有胸怀，也不会容忍下属明里暗里把他当作射箭的靶子和发泄的目标。对你的所作所为，他会一桩桩、一件件熟记于心。你千万别心存侥幸，想着上司会大人不计小人过，而自己只图一时之快。想想你小时候上学被同学欺负了，你至今都会记得，却要求上司立刻就把你说的话、做的事忘记了，岂不是太难为他了吗？

在小刘大学毕业后走上工作岗位的两年里，他竟换了六家单位。每到一个单位，他和领导的关系都越搞越僵，以致每到最后不是他主动炒了老板，就是老板炒了他。尽管每次辞退的一些具体事因有所不同，但所在单位的领导给他下的结论却是一致的：目无领导，不能遵规守纪。而小刘呢？每次也都是大骂领导无德无能。

难道是小刘时运不济，碰到的全都是“蹩脚领导”？不是的。从小刘对领导已经习惯化了的反应方式来看，他已形成了一种反权威型的人格。这种人格的产生及其强化是基于以下几个方面原因。

首先，对领导形成了错误的印象定式。小刘上学时，相貌不太好，又不怎么会“来事儿”，因而老师对小刘大都表现得比较冷淡，这样久而久之，在小刘头脑中就牢固树立起这样一个观念：“领导（老师）都是看不上我的”。由于有了这种偏见，一方面他不注重积极地与领导建立良好的关系、对领导有意无意地疏远冷淡，甚至把别人对领导的正常的尊重态度和行为视为“溜须拍马”；另一方面爱把领导对自己的言行做消极意义上的解释，比如把领导对自己的正常要求当作“成心挑刺儿”。

其次，没有与领导调节彼此矛盾的意识和技巧。本来，上级与下属之间在工作中产生一些矛盾是正常的、不可避免的，但双方一般都能通过彼此的沟通和谅解等手段来消除误会、弥合矛盾。而小刘则不然，一旦与领导有了矛盾，他总是采取顶撞、不执行命令、消极怠工的方式来对抗领导，以致因为不给领导留面子而触怒了领导，使原本很容易化解的一些小摩擦一下子结成了不好解的“大疙瘩”。

最后，常采取一些不正当的自我价值的肯定方式。由于得不到领导的青睐，不能像一般人那样获得奖励、升迁等自我价值的实现方式，因而极易采取其他一些非正当的途径来自我肯定，于是就又容易与领导产生矛盾。小刘和领导搞不好关系，得不到领导的肯定，但和一些属于同一阶层的朋友却相处得很好。为加强这种友谊，小刘常常违反公家的规定，来给一帮哥们“谋福利”，如带他们到自己单位打长途、复印、发传真、使用计算机等，这样一旦“东窗事发”，小刘在领导心目中的地位就更加岌岌可危了。

联合鸡蛋来打石头，结果肯定好不到哪儿去。

看透未必需要说透

《增广贤文》说："逢人且说三分话，未可全抛一片心。"把心腹之言都掏出来，固然真诚可敬，但往往会触犯他人身上的逆鳞；把话说得太满，就无法保证每一句话都说得滴水不漏，从而在交际场上招来误会，为自己留下隐患。

孙宁是房地产公司的业务骨干，她的业绩一直非常突出，与上司刘静的关系也很亲密。新来的业务员赵会会被安排到孙宁带领的这个小组。赵会会很年轻，一副单纯简单的模样，和孙宁很谈得来，两人很快成了好朋友。

一次，孙宁因为疏忽，在工作中出了一点小差错。要求严格的刘静严厉地批评了她。孙宁有些不服气，一整天都板着脸不说话。吃午饭的时候，赵会会把刘静大骂了一顿，似乎早就看不惯那个"老女人"独断专横的作风。话虽然有点儿过分，但还是让孙宁心里舒服了一些，她忍不住跟着骂了几句。

这件事孙宁并没有放在心头，但不久，她却发现许多重要客户都不再和自己联络了。最令人震惊的是，赵会会的桌上竟然摆着这些客户的详细资料。孙宁愤怒地找到刘静，没想到刘静冷淡地说："自己的工作没做好，就不要抱怨别人。还有，有意见可以当面跟我谈，不用背后议论。”

一瞬间，孙宁明白了一切，但气愤和后悔早已于事无补。几天后，她便离开了这家公司。

识人不清，没有看到对方亲切的表面下包藏的祸心，结果错误地将心存歹意的小人当作朋友，留下了可以为人利用的“把柄”，掉进了人家挖好的陷阱。

荀子在论人性时说：“人之性恶，其善者伪也。”这固然有些偏激，但现实生活中的确要在与人交往时谨慎小心一些，对交往不深的人不妨多点儿戒心，考虑一些防患对策，为自己留些“逃生”的余地，这样才不至于在事情发生之际追悔莫及。

一般逢人只说三分话。他的只说三分话绝不是不诚实，绝不是狡猾。说话本来有三种限制，一是人，二是时，三是地。非其人不必说；非其时，虽得其人，也不必说；得其人，得其时，而非其地，仍是不必说。非其人，你说三分真话，已是太多；得其人，而非其时，你说三分真话，正给他一个暗示，看看他的反应；得真人，得其时，而非其地，你说三分真话，正可以引起他的注意。如有必要，不妨择地长谈，这才叫作通达世故的人。

当然，话又说回来，逢人只说三分话，并不是叫你硬生生地话说三分就闭口。这样很生硬，也会令人不满和戒备。其实，在社会交往的时候，你大可以灵活发挥，既不把话说得太满而失了回旋的余地，又让人觉得你真诚坦率——这就得看个人的功力如何了。

威尔逊刚就任俄亥俄州的州长之时，在一次宴会上，宴会主席向在座众人介绍，说威尔逊是“未来的美国大总统”——这只是主席对威尔逊的称颂罢了。

威尔逊在即兴发言时，给大家讲了一个故事：

在加拿大有一群垂钓的游客，其中一名叫作强森的人，大胆地试饮某种有危险性的酒。强森喝了过多那种有害的酒后，便欲和其他同伴搭火车回去。但是，他却不搭北上的火车，反乘往南下的火车。大家急于把他找回来，于是就打电话给那班南下列车的车长，请他将一位叫强森的矮个子送往北上的火车，他喝醉了。

不久，他们就收到车长的回电，对方表示："请再详示其特征。本列车中有13名醉酒的乘客。他们既不知自己的姓名，更不知目的是何方。"威尔逊笑着说："而我威尔逊，确知自己的姓名，可是，却不能像你们的主席一样，确知我将来的目的地在哪里。"四座的人士一听都哄然大笑。

威尔逊用一个巧妙的故事补救了主席的"口误"——"我不知道目的地在哪里"，即说明自己能否当选总统还未可知呢！这样他就给自己留下了余地，避免了日后可能产生的问题，还给在座众人留下了谦逊有礼的印象。

俗话说：良言一语三冬暖，恶语伤人六月寒。人与人之间的交流应平等地进行，说话和蔼，善解人意，不能居高临下。惯于伶牙俐齿、语不饶人的人更应谨言慎语，以免惹是生非。这是一种修养。不问青红皂白的直言快语，轻则使人下不来台，重则造成隔阂。有的人工作辛辛苦苦，能力也不差，就是打不了满分，究其根源就是在那张嘴上。相反，有的人工作、能力均非一流，但因言语、举止得体而颇有人缘。

"闲谈莫论他人过"。背后议论人，早晚有一天会传到当事人耳中，且经过多次转播之后，原话早已走样。当事人听到的是夸张了的版本，结果也就不言而喻了。

你只需比昨天的自己更好

Be your better self

第四章

错过花，你将收获雨，
错过这一个，你才会遇到下一个

不属于自己的，又何必拼命似去在乎

强扭的瓜不甜，强求的爱情也不会幸福。惜颖说，她年轻时犯过最大的错误，就是疯狂地喜欢上一个不爱自己的男人，并且为之“不择手段”。她曾幻想在这段强求的婚姻中日久生情，而光阴辗转，带来的却依旧是男人的无心、无情。

新婚那晚，宾客散尽，她坐在卧室的床沿边，欢喜中带着几分羞涩。可丈夫一夜未归，怎么都联系不上他。她垂泪到天明，他早上回家，只是说喝多了在朋友那里住了一晚。

她知道他在撒谎，其实他根本就是想避开我，避开这场她“强取豪夺”而来的婚姻。

他当时并不喜欢他，他心里已经有了一个女孩，但不是她。

她哪肯轻易认输。年少无知，认为世界上没有“抢”不到的东西，只有不愿竞争的人。

一次去他父母家，她使尽手段，把那个女孩比了下去。最后又间接地把他和那个女孩拆散了。

当然，她没有天真到模仿电视剧情节，诱骗他酒后乱性，然后奉子成婚。她采取的方式是制造舆论。在这方面，他的母亲给了她很大的帮助。他的母亲对她和她的家庭都很满意。

她常在他的朋友面前表现出与他关系匪浅的样子。而他的母亲总是公开承认儿子已经交了女朋友，导致后来，他的很多亲戚朋友都认为他们在交往，甚至准备结婚。

在她的安排下，她的父亲适时地找他谈了一次话。大意是：误会越来越严重，对女孩的名声也不好，不如真的以结婚为前提尝试交往一下。

他告诉她说："既然我父母喜欢你，你父亲也很欣赏我，那我们就试试吧，反正我也没遇上喜欢的姑娘。"

他们结婚已经整整 7 年了，她依旧没能感受到他对她的爱。他总是借口出差离家躲避，他们至今还没有孩子……

人和人是平等的，关心和爱护也应该是相互的，如果只有一方在任劳任怨地付出，另一方心安理得地享受，却没有任何回报，那一定不是真爱。很多热恋中的女人，被爱情蒙住了眼睛，只相信自己的感情，分辨不清是非，也听不进旁观者的劝告。

听到再多的伤心故事，也总认为自己的生活会和别人不同，自己的男友会和别人的不一样。等到最后，才大失所望地发现，那些悲伤的故事在自己身上又可笑地上演了一遍。直到这时，女人才会明白，哪一种爱的感觉才真实可靠。

杜霞的男友自己创业开了一个广告公司，一开始很艰苦，请不起人，什么事都要自己做。杜霞又拉业务又当美工又当秘书，累死累活却没有工资，回家还要做饭、做家务。杜霞的朋友都不喜欢她男友，说他是在利用她，把女友当免费佣人又当廉价劳动力，占了太多便宜，自己却什么也没有付出。

杜霞可不这样想，她觉得她的朋友之所以说他坏话，只是因为不了解他，也感觉不到他们之间的情深似海。她自豪地说：“他有了我可幸福了，我可以帮他做好多事。他说我是他见到过的最好的女人，我会陪着他一起奋斗的。”大家问她：“那他为你做了什么，他如果发不出工资，也应该给你一些公司的股份，或者给你太太的名分，不管以什么形式，总得给你点什么。”她说：“我不用他为我做什么，只要我和他在一起就很幸福啦。”大家于是只好笑着摇头，知道跟她说什么她也听不进去。

后来生意开始好起来了，公司里陆续招了不少新员工，杜霞觉得自己苦尽甘来，终于可以轻松一下了。可是接下来，她发现了男友和漂亮女秘书的隐情，愤然搬出了男友的公寓。她以为他一定会来找她回去，请求她的原谅。但是，他再也没来过电话。这件事对她打击极大，甚至开始不再相信任何男人。

爱是有条件的。想想看，那些无条件的爱能持续多久呢？不是你自己爱得精疲力竭，就是看到了对方的自私面目而大失所望，或者他轻描淡写地说声谢谢，便毫无眷恋地离开。

在恋爱中，女人千万不要轻信“不计回报才是真爱”。只对他付出，却不要他的回报，短时间内他会感激，时过境迁了他还会记得吗？如果男人把这样的女人称为“好女人”，认为你对他无条件地付出才是诚意和真心，那么即使不是要利用你，也是个极其自私的人。如果对方从没有将关心与爱护给予你，甚至对你所做的毫不感激，那你们之间绝不是爱情。

爱是相互的，有所付出，也要有所求。不珍爱自己，别人也不会尊重你。当他习惯了接受你的付出，一切就变成了理所当然，太容易得到的东西不会珍惜。受过伤的女人终于明白，真爱原来是双方的付出，这种爱的感觉才真实可靠。

分手后，让一切云淡风清

两个人从相识、相知到相爱，在交往一段时间后，由于种种的原因，最后不欢而散，在分手时，总有一方会说出那句最真实的谎言——希望我们还能是朋友。

分手后很痛苦，有很多人会说很舍不得那么久的感情，无法接受两个亲密的人突然不再联系，也不再见面了。分手固然痛苦，但这注定是一条不能回头的路。

刘静是一个 28 岁的女孩，研究生毕业两年后，认识了张涛。张涛是一个博士生，学识渊博。两人很聊得来，很快就恋爱了。

此后不久，她的前男友孙亮又找到了她。当初孙亮只有高中毕业，比刘静小 3 岁，风趣、阳光，很有男子汉的味道。刘静很快就喜欢上了他，而刘静的成熟、清雅也让孙亮深深着迷，两人很快也“好”上了。但是由于父母不同意，她不得不与他分开。孙亮一年前已经从她的视线消失了。

孙亮的出现让刘静陷入了苦恼，不知该如何做。由于最近她经常晚上接听孙亮的电话，张涛也知道了一些事情，但他表面并没有说什么，但心里觉得很不是滋味。

直到有一天，张涛和孙亮都提出结婚的要求，刘静这才傻眼了，向两人说出了自己心中的苦恼。令刘静想不到的是，两个男人都离开了她。

分手了，还在联系，总会有一天会让自己的另一半知道。心理学告诉我们，人的活动总是受一定动机推动的。而人的动机又常常较为复杂，不是一个而是多个动机起作用的。当这些动机不能同时都得到满足的时候，就产生了动机的冲突。动机的冲突从形式上说分为三类：一是双趋冲突，就是既想得到这个，又想得到那个，所谓鱼和熊掌想兼得；二是双避冲突，就是对两样东西都想拒绝，都不想要，所谓前怕狼后怕虎；三是趋避冲突，就是对一个东西既想要又害怕，所谓既想吃又怕烫。

这样游离于两个人之间，总会有一方受伤。既然分开了，何必再回到从前，曾经的那个从前也早已物是人非。

分手后，就把往事当作一种回忆中的风景，不要带入现实中来。

一个女孩，她和她男友前年分手了，当时觉得他态度也相当坚决，坚决得已经没有回旋的余地，她自己也痛苦了很长时间，但最终她熬了过来，在她可以好好生活的时候，他回头来找她，也对她说上网第一件事情就是看她空间，也说这辈子最爱她了，不可能再爱上别人了，要她给他一次机会。

因为在他和她分开的时间里，都没有再找别人，她当时也觉得应该忠于彼此的感情，毕竟大家都有感觉，都算是对方的初恋，为什么要放弃呢？于是她回头了，她以为就像王子与公主的美满结局。可是结果又是什么呢？

他的一些做法让她矛盾不断，他也说对不起她，但就是没有解决的方法，她在冲动时说了分手，他没有真正努力过，而是在两周后就找了别的女人，两个月就订婚。

分手一年后他在网上对她说：知道自己对不起她，但是那又能怎么样呢，她回答说其实能成陌生人也不是什么坏事，请以后不要打扰我。

她现在有感情很好的男朋友，希望能过属于自己的幸福的生活，她知道这样做才是真正对得起自己，对自己现在的感情负责任。

既然分开肯定是有不可调和的矛盾。过去的永远都过去了，再怎么样也回不到从前一样，何必将他这样一个尴尬的角色再带入你的生活呢？不要去寻求什么感情的冲动，好好踏实地生活，不然你失去的或许永远都追不回来。

当男女之间由夫妻或者情人关系转为没有关系，大多数人都会选择断绝一切往来。

再怎么大方，彼此重逢时，多少有些尴尬或者失落。如果还有感觉，便会不舍；如果没有了感觉，便会生厌。

分手之后，两人的关系斩不断，必定会理还乱。尤其在双方各自有了新欢时，你跟他（她）牵扯不清，在别人眼中，你很可能从“第一者”沦落为“第三者”，那是非常无趣和无聊的事情。

对逝去的感情，快刀斩乱麻是最好的处理方式。否则骨头断了，却连着一丝皮肉，那是多么痛苦和难受！

断情并非恨。其实不要去记恨那个人，毕竟当初，那人曾爱过你，疼过你，给过你幸福。或许明天，在你的记忆中，他的再坏也是好的。爱情不属于固定的两个人，而是合适的两个人。

曾经看过这么一段对话，甲乙分手时，甲说：“等分手之后，我可不可以再追你？”乙说：“还是我追你吧！”这样的对白纯属娱乐，事实上，分手之后，你已不是曾经的你，他（她）也不再是过去的他（她）了。

莎士比亚说过：再美好的东西，也会有失去的一天；再美的梦，都有苏醒的一天；再爱的人，都有远走的一天；再深的记忆，都有淡忘的一天；该放弃就绝不后悔，不珍惜就该分手。因为爱过，不可能成为敌人；因为恨过，不可能成为朋友。

爱情是种沙，抓得越紧，漏得越快

一个要出嫁的女儿问妈妈，婚后怎样才能抓紧丈夫的心。妈妈让女儿抓起一把沙子，满满的一大把。妈妈说：你试着握紧。女儿使劲地握紧手，结果她握得越紧，从手指缝里漏出的沙子就越多。最后，留在手里的沙子只有一点点，而且被握成很难看的形状。

爱情就是这样，你越是握紧，它越是挣脱，你越是在意，它越是远离。爱是一种快乐，太爱则是一种负荷。爱人给我们的爱太多，我们便会被放纵得不再小心去珍惜。

一次林徽因非常焦虑地对梁思成说，她苦恼极了，因为自己同时爱上了两个人，不知如何是好。因为她喜欢上了金岳霖，而当时两个人已经结了婚，这让梁思成自然矛盾痛苦至极。

第二天，他告诉林徽因说，你是自由的，你如果选择金岳霖，我会祝福你们的。

林徽因把梁思成的话同金岳霖说了，金岳霖的回答更是率直得令人惊异：“看来思成是真正爱你的。我不能去伤害一个真正爱你的人。我应该退出。”

曾看到这样一句话：男人没能力，说女人太现实，女人没实力，说男人太花心。我想一个心智成熟的男人或女人应该清楚靠什么去征服自己的爱人，若是真爱，首先要给他（她）的是自由，自由意味着你对爱人本身的一种尊重，爱一个人，不是剥夺一个人的自由，也不是限制一个人的喜好，自由和爱情是可以完美结合的，但是失去了自由，爱情就不复存在了。说到底，对方不是你的私有财产，只有让对方像鸟儿一样在你爱的枝头自由地欢唱，爱情才能相依相偎。

爱与人生都是一种修行，可是千百年来，能够修成正果的又有几人？只希望这段修行的路上，有一份尘埃落定的信仰，哪怕曲折坎坷，终会走向菩提。“人生若只如初见，何事秋风悲画扇”，相爱容易想守难，如果有一天爱已不是从前的滋味，我们可以温柔地放手，因为拥有过、珍惜过、那就是最大的幸福。

他最近很不安，感觉自己的妻子要离开自己。于是他对妻子的一举一动开始了留心。

她要出去和朋友聚会的时候，他总要把来龙去脉了解得清清楚楚，不但如此，如果有男士参与，就会好几天不高兴，甚至会阻止她的行动，更为可笑的是，还时不时地翻看她的手机，若发现不认识的号码，就会刨根问底。她感觉很是烦恼，他打趣地说那是因为在乎她，可是从她的内心来说，她并不赞成她老公的这种行为。

她每天其实也心烦，和朋友在一起的时候，最害怕手机的铃声，不用问一定是老公的查岗电话，她郁闷至极，有时直接把手机调成静音。但是调成静音后，回到家又要解释半天。

多给对方一些空间，还有利于夫妻间情感保鲜。

多给对方些空间，只是一种放手，而不是放弃，有张有弛，亲密“有“间，爱情这东西，不能刻意管理。

多给对方一些空间，也是解放自己。对方是用来爱的，但不是用来管的，看守对方不是一件省心的事，与其这样，还不如让对方自由生活，就好像放飞的风筝，它飞得再远，线头还捏在手里，如果有爱，又怕什么呢?

圈养对方，就是囚禁自己不安的心，这个世界上没有全天候的爱情，所以顺势给爱情一个星期天吧，学会对爱人说：“不要在星期天吻我！”你只要准备一颗放心、一颗信心，还有一颗甜心，累了，就会乖乖回家的。

当我们用一颗平常心去对待爱情时，爱情已掌握在你的手中。“弱水三千，只取一瓢”，滚滚红尘，我们注定不能做到人人满意，但我们可以尽力让自己做到最好。爱一个人，给他选择的自由，给他拒绝的自由，给他爱与不爱的自由，给对方自由，同时也是给自己自由。

羡慕那个不倾国、不倾城的红太狼

现在许多男孩都喜欢白富美，女孩喜欢高富帅。当然爱美之心人皆有之，但是有个前提，就是对方是爱你的人，而不是你的外在。

刘灵研究生学历，称得上才貌双全。从上大学开始，刘灵便明确要求未来老公身家必须过千万。为实现这一“人生理想”，刘灵经常出入各种高档场所。

功夫不负有心人，在上研二时，刘灵成功“钓”到一名“金龟婿”。男方身家过亿，是一位集团公司的总裁，年龄比刘灵大 20 岁，有一个 17 岁的女儿。

成功嫁入豪门的刘灵在结婚后并没有预想中的幸福，丈夫的前妻和丈夫还藕断丝连，丈夫和前妻的女儿也整日和刘灵吵得不可开交，不停地向丈夫告刘灵的恶状。婚后不到一年，丈夫提出了离婚。由于婚前进行过财产公证，刘灵也没有获得财产补偿。心力交瘁的刘灵无可奈何地离开了。

有人在看过《白毛女》以后开玩笑说，如今没有“喜儿”了。现实中想嫁有钱人的女性确是大有人在。“干得好不如嫁得好”“男朋友一定要帅，老公一定要有钱”，成了很多未婚女性的口头禅。

某地一超级富豪在媒体上做广告征婚，竟让成千上万的年轻女性顿显淑女风采，主动出击“抢购”了。这些应征的女性除了来自北京、上海、广州、深圳、宁波、温州等现代观念较强的城市外，连一些偏远小城的未婚女性也是跃跃欲试。

嫁个有钱人当然无可厚非，因为浪漫是每个女人的致命伤，而一切浪漫的氛围都需要金钱来营造。如果一个男人没有足够实力为你做这一切，你就必须付出自己的花样年华和他一道打拼。每天一早匆匆起床，挤公交车上班，在堆满文件档案、充斥着电话铃声的办公室里忙得昏天黑地，眼睁睁看着嫁了钻石男人的同龄女孩衣香鬓影、香车宝马出入美容厅、健身房去打理自己的美貌，心里多少会不大平衡吧。

可问题是，有钱是好男人的唯一标准吗？嫁个有钱人就一定能享受幸福吗？“贫贱夫妻百事哀”固然有一定道理，可还有一句话更有道理，那就是“人生欢乐，多在贫家茅舍，少在富贵红楼”，平民家的夫妻幸福，往往比富豪家庭来得多。很多夫妻贫贱时相濡以沫，富贵了却分道扬镳，住在小宿舍里亲亲热热，住在大别墅里却谁也不理谁，几个月未必亲热一次，患难夫妻变成陌路人，就是典型的例子。钱多并不是件坏事，可对于一个不懂得金钱价值，不能看破红尘的人来说，钱越多烦恼就越多。

与其这样，还不如找个爱自己的人。

有一对情侣，男的非常懦弱，做什么事情之前都让女友先试。女友对此十分不满。

两人出海，返航时，飓风将小艇摧毁，幸亏女友抓住了一块木板才保住了两人的性命。女友问男友：“你怕吗？”男友从怀中掏出一把水果刀，说："怕，但有鲨鱼来，我就用这个对付它。"女友只是摇头苦笑。不久，一艘货轮发现了他们，正当他们欣喜若狂时，一群鲨鱼出现了，女友大叫："我们一起用力游，会没事的！"男友却突然用力将女友推进海里，独立扒着木板朝货轮游去，并喊道："这次我先试！"女友惊呆了，望着男友的背影，感到非常绝望。但鲨鱼对女友不感兴趣而径直向男友游去，男友被鲨鱼凶猛地撕咬着，他发疯似地冲女友喊道："我爱你！"

女友获救了，甲板上的人都在默哀，船长坐到女友身边说："小姐，他是我见过最勇敢的人。我们为他祈祷！""不，他是个胆小鬼。"女友冷冷地说。"您怎么这样说呢？刚才我一直用望远镜观察你们，我清楚地看到他把你推开后用刀子割破了自己的手腕。鲨鱼对血腥味很敏感，如果他不这样做来争取时间，恐怕你永远不会出现在这艘船上。"

只要有爱，再懦弱的男人也会成为你的超人。

我颠倒了整个世界，只为摆正你的倒影

爱使两个不相识的人走在一起，这份缘分无可替代。所以当对方改变不了的时候，不妨改变一下自己。

一项长达 4 年，有 6 012 人参加的研究发现：当伴侣中一方戒烟，另一方也打算戒烟的可能性增加了 6 ～ 8 倍；一方戒酒，另一方戒酒的可能性增加 5 倍；一方注射流感疫苗，或做胆固醇筛查，另一方也会考虑进行这些健康防护。不仅妻子影响丈夫，丈夫对妻子也有同样的影响。

一方开始采取某种有益健康的行为，或者仅仅是营造了一个更健康的生活环境，双方的生活方式都会发生积极的改变。

冬日里的马路边，老头搀扶着老伴过马路，尽管老伴走得慢，老头还是乐呵呵地搀扶着她。

其实她们也有过去。当时她是一个女孩，而他是一个男孩。她是一个喜欢把自己房间打扫得一尘不染的人。当他们结婚以后，她才发现，他们的屋子经常弄得很乱，男人总是把烟灰到处乱弹，最让她无法忍受的是，当他坐在沙发上的时候，脚总是喜欢放在茶几上！说他也不听，女孩很生气，每次他们吵完架，女孩都要跑回自己父母那里。

当她回到家的时候，她在男人有可能弹到烟灰的每一个地方，都摆放了一只烟灰缸。没办法放烟缸的地方，放了一把扫帚。这样，当男人想弹烟灰的时候，看到旁边有烟灰缸，他也就不再乱弹烟灰了。屋子里的烟灰真的少了很多！然后，她又买了一个榻榻米。放在了茶几的旁边——男人经常放脚的地方。男人看到有比茶几更舒服的地方，他的脚自然也就换了位置！男人单身的时候有个习惯，总喜欢周末把朋友带到家里聚会。

但他们结婚以后，男人不好意思再在家里折腾，就跑出去跟朋友们玩。每个周末女孩都是自己度过，为此她很难过。后来，女孩就把他们的聚会搬到了家里。她为他们准备好一切聚会的用品，尽量让他和他的朋友们高兴。男人看到，每次家里开聚会的时候，她都是那么辛苦，并且也没有怨言，他就有些不好意思。后来男人就把聚会改成了每两周一次，再后来就是每月一次。其他的时间，他就待在家里陪女孩一起浇花，一起散步，一起看影片，一起去登山，一起看夜晚的繁星。

后来，男人唯一的个人爱好就是，每周都会抽出一个下午的时间和朋友们去钓鱼，每次回家后，他都把自己比作在天空自由飞翔的“风筝”。

就这样一直过了四十年。男人变成了老头，女孩变成了老太太。再后来，老太太每天要撵着老头多出去走走，不要天天只知道待在家里。

每个人的生活习惯是在原来的家庭里形成、并在单身生活过程中固定下来的。因此，结婚后的男女双方存在某些差异，这很正常。可偏偏有人有改造的欲望，如果对方的某些方面不合自己的要求，便按捺不住地想改造对方。

但实际改造的结果如何呢？大部分不尽如人意。一方有一千条改造的理由，另一方便有一千条存在的理由。在费尽心思、磨破嘴皮、软硬兼施、招数用尽后，对方没变，感情却没了。爱情是一件易碎品，就像一只瓷瓶，瓷瓶上有一个疙瘩，怎么看都不舒服。于是你想办法去打磨，用心无疑是好的，但我们往往看到这样的结局：疙瘩没有打磨掉，瓷瓶先碎了。

一对夫妇常为吃苹果争吵。妻子怕皮沾了农药，吃后中毒，一定要把皮削掉；而丈夫则认为果皮有营养，把皮削掉太可惜。常吃苹果，也就常吵。最后，她们找禅师去断是非。

禅师对妻子说："你先生这么多年都吃不削皮的苹果，还好好的，你担心什么？"

禅师又对丈夫说："你太太不吃苹果皮，你嫌她浪费，那你就把她削的皮拿去吃了，不就没有事了！"

禅师还说："由于家庭环境不同，成长过程不同，每个人的生活习惯也会有所不同。因此，不要勉强别人来认同自己的习惯，同时，也要宽容别人的习惯。"

恋爱时睁大双眼，看清对方的优缺点，结婚后睁一只眼闭一只眼，这话很有道理。对方也许在生活习惯上有诸多"缺点"，如起床不叠被、桌上总是杂乱无章、牙膏由上挤、洗碗不擦桌等，这些方面让你实在看不惯，你很生气。可是当你静下心来后问问自己，是叠被重要还是感情重要？如果因叠被问题而伤了感情，岂不是因小失大了吗？当对方看到你的理解、尊重和包容，他会努力用同样的态度回报你。

再美的爱情，也会在柴米油盐中变得平淡。婚姻生活中，哪有舌头不碰牙的。谁都有小个性、小脾气、小毛病，生活中难免会有意见相左的时候，关键是怎样理解。换位思考尤其重要，要学会站在对方角度去考虑、解决问题。婚姻中一味地强调自我，只能使两个人越走越远，必须为你爱的人去改变自己，做她喜欢的事。只有相互支持、疼爱、谅解，共同维护婚姻，爱情才能鲜亮，家里才能充满生机。

第五章

过去能不翻就不要翻，翻落的灰尘会迷了双眼

其实根本就没有什么“假如”

生活中，总听人说：“如果再给我一次机会，我会重新选择。”可是，溜走的机会没有把握住，如果再给你一次，那时光、那环境、那空间还会是原来的样子吗？现实不可改变，否则，自然的规律就会被打乱，我们也就无所谓有过去、现在和未来了。过去的就让它过去，该珍惜的留住，该忘记的删除，对与错，后悔已经不能改变什么了。

如果说，后悔了怎么办？那只有以现在为起点重新开始，从现在开始亡羊补牢为时未晚，是反思而避免重蹈覆辙，而不是回到过去，再来一次。人生之事，有对有错，有失去，也有选择，无论结局如何，敢于承担后果，知道自己错在哪里，如何改过，而不是经受后悔的折磨，一蹶不振，丧失了挑战自我的勇气。

著名教育家苏格拉底有一次把他的学生带到一片苹果树林，要求大家从树林的这头走到那头，每人挑选一只自己认为最大最好的苹果。不许走回头路，不许选择两次。

在穿过苹果林的过程中，学生们认真细致地挑选自己认为最好的苹果。

等大家来到苹果林的另一端，苏格拉底已经在那里等候他们了。他笑着问学生：“你们挑到了自己最满意的果子吗？”大家你看看我，我看看你，都没有回答。

苏格拉底见状，又问：“怎么啦，难道你们对自己的选择不满意？”

“老师，让我们再选择一次吧。”一个学生请求说，“我刚走进果林时，就发现了一个很大很好的苹果，但我还想找一个更大更好的。当我走到果林尽头时，才发现第一次看到的那个就是最大最好的”。

另一个接着说：“我和他恰好相反。我走进果林不久，就摘下一个我认为最大最好的果子，可是，后来我又发现了更好的。所以，我有点后悔。”

“老师，让我们再选择一次吧！”其他学生也不约而同地请求。

苏格拉底笑了笑，语重心长地说：“孩子们，这就是人生——人生就是一次无法重复的选择。”

走过了，再去后悔也不值得，失去了，可以从头开始；做错了，可以知错就改；错过了，也至少曾经拥有过。只有敢于面对，接受了无法弥补的惩戒，才能吸取教训，也就懂得了“吃一堑，长一智”的道理。

后悔是一种负累，说太多后悔的话，不如现在付诸行动；后悔也是一种被纠缠的过去，敢于面对过去，悔中求悟，才能更好地继续；后悔更是一种人生的经历，只要努力过，尽力了，就不要后悔。

既然往事已成定局，后悔也就无济于事了。当初自己的选择，日后自己承担；当初自己的过错，日后自己承受；当初的自愿选择，日后的后悔莫及，其实都是一个成熟的过程，后悔当初，也是一种失去的忏悔。

总之，面对无法回头的人生，如果遗憾了，就理智地面对它，然后争取改变；假若也不能改变，就勇敢地接受，不要后悔，继续朝前走。

钢铁大王卡耐基在事业刚起步的时候，在密苏里州举办了一个成年人教育班，并且陆续在各大城市开设了分部。他花了很多钱在广告宣传上，同时房租、日常办公开销也很大，尽管收入不少，但在过了一段时间后，他发现自己连一分钱都没有赚到。由于财务管理上的欠缺，他的收入竟然刚够支出，一来数月的辛苦劳动竟然没有什么回报。

卡耐基很是苦恼，不断抱怨自己的疏忽大意。这种状态持续了很长一段时间，他整日里闷闷不乐，神情恍惚，无法将刚开始的事业继续下去。

最后他去找中学时的生理老师乔治·约翰逊。

“不要为打翻的牛奶哭泣。”

聪明人一点就透，老师的一句话犹如晴天霹雳，卡耐基的苦恼顿时消失，精神也振作起来。

如果能笑着说：后悔，就是一种激励；如果能哭着说：后悔，就是一种无奈的颓废。既然说错的话，做错的事已经无法挽回，那么，即使再后悔，也不能回到当初。不如调整心态，莫让后悔成为一个枷锁，让自己不能解脱；不如在后悔到来时，把握好自己的命运，不要让后悔毁了自己。

人生之事，走过了、后悔了，会自责、会内疚，但是，事已至此，既然明白了，悔恨了，就不必再有过多的纠结，慢慢让它搁浅在记忆里，也没什么不妥。当我们怀有后悔之心的时候，如果过多纠结，就会让自己的人生陷入泥潭，而不能自拔；当我们在后悔的问题上放不下，让后悔一直纠缠着自己不放，也会束缚了我们前进的脚步。所以，后悔不如放下前行。

不要为旧的悲伤，浪费新的眼泪

失去了的爱情，失去了的地位，失去了的财富，失去了的一切，又何尝不如此。不要为失去悲伤，不要紧抱过去不放。有人说：过去，就是一具死尸，应该埋葬。不要等它腐烂了，污染我们的身心。过去，是一个坏了的花瓶，应该放进垃圾箱，果断诀别，不再回顾。不要去留恋它曾经的美好。

一位母亲，她已经给儿子写了 4 年的信，这就像洗脸、吃饭一样，是她每天必做的事儿。她的儿子不是在远方，而是死去了。

这个母亲并不知道，这 2 000 多封摞起来近半米高的信件，该寄到哪儿去。准确地说，她自己就是邮差。每周，她都会带着刚写好的信，到儿子的墓前，念给在天国里的儿子听。

可是，她又堕入儿子已经不在的现实。她一页页翻开她给儿子写的信，眼泪滚在黑色的围巾上。她的心脏病突然犯了，苍白的脸黯淡下去，眼圈越来越黑，嘴唇越来越紫，呕吐不止，她连掀开被子的力气都没有，倒在被子上，缩成了一团。

她去寺院去诉说自己的悲伤。

大师说："每个母亲都有两个儿子，一个在世间，一个在心里。现在你的世间的儿子不在了，但是你心里的儿子还在。在的儿子和不在的儿子都有一个共同的希望，就是希望你快乐地活着。如果你还在爱着你的儿子，不如遂了儿子的心吧。"

此后，母亲虽也在空闲的时候想起儿子，但是她已经开始了新的生活，每天过得很充实。

死去的人，双手一伸，两脚一蹬。人死了，什么都放下了，一切都解脱了。而执着的，是我们活人的心。有紧抱僵尸而眠的，也有把骨灰盒供在家中数十年的。真正痴迷不悟，放不下。面对爱情时如此，面对亲情时如此，面对友情时如此。对金钱、名利、地位，又何尝不是如此。

多少哀叹，无疑是对过去的追溯，有时候我们应该放下一点儿过去，去憧憬一下美好的未来。不要让我们被回忆的海洋窒息。我们也无须太多言辞，只需深深凝眸，期待花开展示生命的精彩。

当那悠悠的思绪变得缠绵时，不再去拜访过去，不再去效仿含蓄的惆怅，只将过去牵在风筝线上，那一头绕在永远的那边就好，只是心头添一份虔诚，持一份渺邈，执一份祝福。

英国史学家卡莱尔经过多年的伏案，写成了《法国大革命史》的全部文稿。

那时候没有电脑，一切都得用手来完成。卡莱尔文稿写完后的第一件事，就是将它交给最信任的好友米尔去完善。

然而就在第二天，发生了一起悲剧性的意外：手稿被米尔家的女佣当作废纸丢进了火炉！而且，更糟糕的是，为了保持书房的整洁，卡莱尔每写完一章，随手把原来的笔记、草稿撕碎。这就意味着，他呕心沥血撰完的这部巨著，已没有任何可以挽回的记录。

没有人能够体会卡莱尔当初的心情，但他很快就平静下来，反安慰起悲伤的米尔来了："没关系，就当我将作文交给老师批阅，老师说'这篇不行，重写一次吧，你可以写得更好！'"

于是他另起炉灶，重新开始了这部巨著的写作。如今人们读到的《法国大革命史》，就是他的第二稿。这一稿的质量，无论从文字上还是内涵上，都达到了卡莱尔创作生涯的巅峰。

放下过去，善待自己，及时清理心里的垃圾，过去就会变成美好的回忆。一切都如茶般清远、酒般甘醇，愈久弥香。理智地面对过去，当我们把它变作肥料，用来供养心灵的莲花。我们就会更加美丽，我们的生活就会更精彩。如果我们太过执着，死守不放，把虚幻当作真实。对别人，对自己，又何尝不是一种伤害。

六祖慧能说：菩提本无树，明镜亦非台。本来无一物，何处惹尘埃。当我们心无一物，转身来看过去。过去就是一首怀旧的老歌，一杯陈年的酒，一杯清香的茶。淡远，静美，芳醇。我们歌唱它，品味它，但不执着。说说，想想，也就丢了，又何尝不是一种享受。

没有什么过不去，只是再也回不去

相处了几年的恋人拂袖而去了，这些大都会在我们的心理上投下阴影，有时我们甚至会因此而备受折磨。究其原因，就是我们没有调整心态去面对失去，没有从心理上承认失去，只沉湎于已不存在的东西，而没有想到去创造新的东西。我们常说：旧的不去新的不来。事实正是如此，与其对恋人的离去而痛不欲生，不如振作起来，重新开始，去赢得新的爱情。

每个人都有过失去，但对其所持的心态却不同。有的人总是向他人反复表明他失去的东西有多么好，有多么珍贵；有的人则不同，比如，他们在失去了原有的工作之后，不是一味地伤感，而是主动寻找新的工作；他们相信，失去并不意味着失败，失去后还可以重新拥有。这才是成功者应具备的心态。

有一个中年男人，深深地爱上了一个女孩。可是，他有过非常不愉快的婚姻，而且纠缠了整整十年，好不容易离婚了以后，他做出了一个决定，再也不结婚了。

尽管这个男人是如此爱这个女孩，他还是不能忘记以前的痛，不敢重新走进伤害过他的婚姻之门。结果，他选择放弃了这个女孩，继续他的单身生活。

他就这样一直生活在“以前”，直到又过了二十年，他忽然发觉，自己其实是为了之前的十年，放弃了之后的二十年，而那比“以前”更长的时光中，有无穷美与好的可能性，现在也一样变成了以前。

没有永远的痛，也没有永远的幸福，伤会愈合，幸福会消失，这是自然的规律。

很多事情，我们无法改变，却能让他过去。如果，你非要挽留，那过不去的，只能由你自己承受。过与过不去，是心态，我们首先要改变的不是事物，而是你自己。

佛光山为纪念开山三十周年，决定制作一部有关佛光山的纪录片，有位领队上山拍摄镜头，星云大师偶尔请他来法堂小坐，有一次，他听星云大师简报开山经过之后，说道：“实在了不起！”星云大师不经意地回说了一句：“遇到一些磨难障碍，没有什么了不起！”

没想到这句话为领队带来欢喜自在，此后批评他的一些言语传到耳边时，他不再烦恼，反而回答同事：“没有什么了不起！”遇到一些很无奈的事，他也不会抱怨，反而告诉朋友：“不要紧，没有什么了不起！”属下不小心犯错，他不但不生气，反而安慰对方：“不要自责，没有什么了不起！”台风来了，家里淹水，他不但不沮丧，反而劝妻子说：“没有什么了不起！”“没有什么了不起”不但成为他的口头禅，而且提升了他的生命境界。

一个人坐在轮船的甲板上看报纸，突然一阵大风把他新买的帽子刮落到大海中，只见他用手摸了一下头，看看正在飘落的帽子，又继续看起报纸来。另一个人大惑不解："先生，你的帽子被刮入大海了！""知道了，谢谢！"他继续读报。可那帽子值几十美元呢！是的，我正在考虑怎样省钱再买一顶呢！帽子丢了，我很心疼，可它还能回来吗？说完那人又继续看起报纸来。

还有一位70多岁的日本老先生，拿了一幅祖传古画上电视节目，要求宝物鉴定团的专家做鉴定。据说老先生去世的父亲生前说这幅画是名家所做，价值数百万日元。老先生自己又不懂，因而想请专家加以鉴定。结果揭晓，专家认为它是赝品，连一万日元都不值，全场唏嘘。主持人问老先生："您一定很难过吧？"来自乡下的老先生脸上的线条变得无比得柔和，微笑着说："啊，这样也好，不会有人来偷，我可以安心把它挂在客厅里了。"是啊，失去有时反而让我们得到了轻松！

的确，既然失去的已经失去，我们又何必为之大惊小怪或耿耿于怀呢？

每一个过去，都是我们以后的记忆。我们说过的话，做过的事，走过的路，遇过的人，都是我们以后的回忆。我们无须缅怀昨天，不必奢望明天，只要认真地过好每个今天，说能说的话，做可做的事，走该走的路，见想见的人。脚踏实地，不漠视，不虚度，我们才能为明天的回忆增加光彩和亮色。

人生总是在不断地失去和拥有。拥有快乐，失去烦恼；捡到幸福，丢掉悲伤；不管将来你要怎么选择，最重要的是能够开心地面对。生活中，我们经常会失去很多东西，如果失去之后，再失去快乐的心情，岂不是失去得更多了？

腾出手来拥抱现在，活在当下才是硬道理

一个新闻记者问一位美国大兵："如果我是能成全你任何愿望的上帝，你的愿望是什么呢？"士兵回答说："我想要今天。"

时间的可贵人人皆知，但真正能有效利用时间的人却为数不多。我们强调今天的可贵，却很少能让其真正为己所用。

一个流浪汉呜呜地哭着。时光老人问：你是谁？为什么哭？流浪汉说：我少年时代玩玻璃球，青年时代玩纸牌，中年时代打麻将，家产都败光啦！如今我一无所有，我真后悔呀！

时光老师看他哭得可怜，试探地问：假如你能返老还童？

返老还童？流浪汉抬头将老人打量一番，扑通一声跪下，苦苦哀求，假如再给我一个青春，我一定从头学起，做一个勤奋好学的人！

好吧！时光老人说完便消失了。

惊呆了的流浪汉低头一看，自己已变成一个十来岁的少年，肩上还背着书包呢！

他想起自己刚才说的话，便向熟悉的一所小学走去。路上，看到几个

孩子正在玩玻璃球，他就觉得手痒了，也挤进去玩了起来。他仍然按老样子生活，玩纸牌，打麻将。

到了老年，他又懊悔地哭了起来。正巧又碰到时光老人。他扑通一声跪下，乞求时光老人再给他一个青春。

老人说："我做了一件蠢事！"

时光老人冷笑着："给你再多的青春，你也不会得到真正的生命。"

其实，人生的时间并不短，如果不珍惜，不好好地利用，那再多的时间也是白白浪费。况且，我们只拥有一个今天，这个今天是唯一的。它过去了，就不会再回来。所以，你没有多余的时间可以挥霍，也没有时间犹豫踟蹰。

一天 24 小时，谁都是被平等地赋予。所以我们要有效地利用时间，把握住手里的每一分钟。

我们说浪费是犯罪，那么浪费时间就更是不赦的罪恶。如果你荒废了时间，那你肯定会为此悔恨终身。青春一去不复返，今天过去也不再来。我很喜欢莎士比亚的一句话：时间的无声脚步是不会因为我们有许多事情处理而稍停片刻的。

我们说今天是弥足珍贵的，也是最容易丢掉的。稍不留心，它就从你的眼前消失了，再想追回，已经是不可能的了。因此，我们要做的就是利用时光，而不是任由它匆匆流过。

时间是无限的，但每一天的时间却是有限的，都是只有 24 小时，不会多一分一秒。所以，每个人都要在这有限的时间里，做出有意义的事情，不让它虚度。如果你让时间白白流走，那就是在浪费自己的生命。我们要尽可能地在拥有的一天里，努力地学习、工作，让时间发挥出更大的效用，让生命发挥出最大的价值。

一位担任美国一家著名跨国企业亚洲区顾问的老人退休了，两个年轻人去拜访他。老人尽管已经年过六十，但仍精神矍铄，思维敏捷。他广博的知识和超前的思维让年轻人也自叹不如。老人还善于预测经济形势，曾经很多次把企业从可能爆发的危机中解脱出来。

一个年轻人笑着请老人给他预测一下人生。老人问他想预测哪一方面的，年轻人伸出手掌给老人看，说："很多人都说我的生命线很长，特别长寿，您看呢？"

老人看了一眼年轻人的手掌，反问道："你知道构成人体组织的最小单位是什么吗？"年轻人疑惑地说："是细胞吧？"老人说："不对。细胞并不是最小的单位，它是可以再分的。生物学家已经发现，构成人体组织最小的单位是DNA，目前已经破解的DNA组合已达两亿，按照DNA的组合推算，人的寿命应该是1 200岁。"

年轻人大吃一惊，不解地问："如果真是那样的话，为什么现实生活中却很少有人活到100岁呢？"

因为生命有折损，我们每一天的日常行为都是对DNA的折损。我们说话、工作、吃饭、思维，每时每刻都在消耗着生命中的DNA，这使我们的生命达不到生命应有的长度。

那就是说，如果我们什么也不做，一点儿也不消耗DNA，我们就可以活到1 200岁了？

理论上是这样的，但现实中是无法实现的。因为我们不可能不消耗，活着就要消耗，吃饭、睡觉这些维持生命最基本的成本就是消耗。即使我们不工作，我们也不可能不消耗。

年轻人被这番话惊呆了。原来维持现有的生命是以牺牲未来生命为代价的，活到 100 岁的人是以牺牲掉未来的 1 100 岁的生命为代价的。这是多么昂贵的代价。

老人仍旧侃侃而谈："所以，按照消耗掉的 DNA 计算，那些著名的科学家取得成就是正常的，并不是因为他们特别伟大，其实我们也完全可以做到。我们没有做到，按说应该比他们消耗的 DNA 少许多，所以，我们应该活到 200 岁以上。"

可是为什么我们并没有活那么久，甚至比他们活得更短？年轻人更加疑惑。

答案只有一个，那就是我们和他们消耗了同样多的 DNA，甚至我们消耗得更多，但是我们并没有把我们消耗的 DNA 投入有益的事业中去，而是用在了无谓的事情上，我们的生命就是这样被缩短了。

正因为时间的可贵，所以我们一定要珍惜时间，要合理规划拥有的时间。当你结束一天的工作和学习时，要使自己觉得这一天没有虚度，没有荒废，要让自己的每一天都能过得充实而有意义。只有这样，你才能无愧于心，才能更好地发展自我。

成熟不是心变老，是泪在打转还能微笑

冯仑说，伟大都是熬出来的。为什么用熬？因为普通人承受不了的委屈你得承受，普通人需要别人理解安慰鼓励，但你没有；普通人用对抗、消极、指责来发泄情绪，但你必须看到爱和光，在任何事情上学会转化消化；普通人需要一个肩膀在脆弱的时候靠一靠，而你就是别人依靠的肩膀。

年轻气盛的时候，总是一点儿委屈都受不得。凡事泾渭分明，一便是一，二便是二，对便是对，错便是错，一点儿马虎不得，一点儿委屈不受。曾国藩有句话："受不得屈，成不得事。"想来凡能成大事的，必定先受了许多委屈，连功名显赫、位高权重的曾国藩尚且如此，何况他人呢？

有着"金话筒"美誉的朱军当年刚进中央电视台时，还是个临时工，虽说是在《东西南北中》节目组中上班，但没有分配具体工作，只是做一些打杂的事，比如扫地、打开水、买盒饭等。

朱军来北京之前，是兰州军区战士歌舞团的演员，好歹也是一个台柱子，很受领导的赏识，想不到来到中央电视台却成了跑腿当差的，心中有一丝委屈。但他还是坚持着，日复一日地干着别人瞧不起的杂活。

有一天，朱军早早来到节目组办公室，他发现一位同事的办公桌上乱七八糟地摆着一大堆东西，有碍观瞻，朱军就收拾了一下，把书和录像带等东西摆放整齐，想给这位同事一个意外的惊喜。

到了上班时间，节目组的同事陆续进了门，突然有人大喊："谁动我桌子了？"朱军大为不解，赶忙承认说是他动的。"谁让你动了？""我看你桌子挺乱的。""我昨天好不容易从书上找好资料，在那翻开，结果你全给我合上了，我还得找一遍。"

同事的责问像一盆冷水从头浇到脚，一时间，朱军在大庭广众之下好没面子。在兰州军区大院里，朱军可是个名人，走到哪都是笑脸和恭维，如今在京城里却遇到这样出乎意料的责问，好心不得好报，反而受到呵斥，委屈的泪水饱含在眼中。但大度的朱军强忍着，不让泪水淌出来，还赔着笑脸，表示下次一定注意。

韩信能受胯下之辱，武则天实力微弱时俯首听命于王皇后。忍耐是一种理智，一种美德，更是一种成熟。君子忍人所不能忍，容人所不能容，处人所不能处，为人所不能为。能在各种困境中忍受屈辱是一种能力，而能在屈辱中忍辱拼搏更是一种本领。

佛家寒山大师一日问拾得大师："世间谤我、欺我、辱我、笑我、轻我、贱我、厌我、骗我，如何处置乎？"拾得云："只是忍他、让他、友他、避他、耐他、敬他、不要理他，再过几年，你且看他。"

曾国藩20岁左右求学衡阳时，师从汪觉庵。同舍里有一个叫杨甫瑞的同窗，是当地有名的富家子弟。杨甫瑞依仗家里的权势，平时十分骄横，对于学业明显比他优秀的曾国藩，也是处处刁难。

一天，曾国藩坐在窗前，大声朗读《左传》，读得正专心，突然听到有人大声吼道："曾国藩，你把窗户的光都挡住了，我怎么看书呀，还不赶紧挪开！"曾国藩停下来，侧身一看，是自己床铺对面的杨甫瑞。此时，杨甫瑞其实并未读书，而且他的床靠着窗户的另一侧，也未完全遮住光线。曾国藩很生气，想和他理论，但还是压住了火气，把凳子移到自己的床前，重新读起来。

到了晚上，曾国藩继续在灯下读书，杨甫瑞又冲他喊叫："白天不读书，晚上玩勤奋，做样子给别人看也要分个时候吧。你现在读书，让我们怎么睡觉？"曾国藩听了，抬头朝他笑了笑，默读起来。

不久，曾国藩高中举人，同窗都纷纷向他祝贺。可杨甫瑞却大发雷霆，冲曾国藩嚷道："这屋里的风水原是我的，你一来就夺走了。"一旁的同学非常反感，质问他："曾国藩的书案不是你定的位置吗，怎么现在又反咬一口？"杨甫瑞仍强词夺理地说："就是他夺了我的风水。"大家都纷纷指责杨甫瑞，倒是曾国藩过来劝解大家，不要为这点小事再与之争论，大家顿时对曾国藩敬畏三分。

一个人立身处世，连点委屈都受不了，要想成功，自然不易。曾国藩之后仕途通达，成为晚清重臣，这跟他年轻时候就初露端倪的隐忍气度，不能说没有关系。委屈是一杯苦酒，强忍怨恨喝下去就能振作精神，重新开始。汉代名将韩信如果不是忍受胯下之辱，"苟且偷生"，哪来之后统领三军的显赫和辉煌？

有个弟子问：师父您有时候打人骂人，有时又对人彬彬有礼，这里面有什么玄机吗？师父说："对待上等人直指人心，可打可骂，以真面目待他；对待中等人最多隐喻他，要讲分寸，他受不了打骂；对待下等人要面带微笑，双手合十，他很脆弱、心眼小，只配用世俗的礼节。”

一个人如果想成就大业，如果不能忍受一时的委屈，甚至是屈辱，要争一时之气，则会错失良机，在负气出走中机遇往往擦肩而过，再回过头来想挽救，为时晚矣！即便是壮怀激烈，抱负远大，也是徒唤遗憾。

你只需比昨天的自己更好，

Be your better self

第六章

幸福就是痒的时候挠一下

鸵鸟的幸福，只是一堆沙子

莫言获得诺贝尔文学奖后，央视《面对面》记者对他进行了专访。董倩问：幸福吗？莫言答：幸福就是什么都不想，一切都放下，身体健康，精神没有任何压力才幸福。我现在压力很大，忧虑忡忡，能幸福吗？但是我要说我不幸福，你就会说太装了吧，刚得了诺贝尔奖还不幸福。

有人说，幸福是有形状的，可以放在手心里的。有人说，幸福是没有形触摸不到的。其实，幸福就是这么简单。

幸福就是不要抱怨，努力奋斗。幸福就是做你想做的，想做的事。幸福就是妈妈在电话那边的一句唠叨，爸爸沉默的支持。幸福就是大清早起床后，闻到了花香。幸福就是听一首经典的老歌，幸福就是晒晒太阳，幸福就是朋友的一句问候。幸福就是这么简单。

有一个山村住着一个老头和他的老伴。老头今年86岁，老伴85岁。

老两口老得已经走不动了，两人经常在家一坐就是大半天，看着日出日落。

老两口经常一个坐在大门口，一个坐在屋内，只有一屋的距离。每隔十几分钟，大门口就有声音了："老太婆，要喝水吗？"只听屋里回一声："不用，不渴。"接着一段时间就没声音了。

老头比起老伴来，手脚要相对灵活一些，能起来给她倒个茶、拿个东西。不一会儿，老伴在屋内叫了起来："老头子！""哦，干什么？"老头加大嗓门地回应着。老伴说："没事，就叫你一声，要不也不知道你到哪儿去了。"老头没有应声，转过头去继续坐着。

有时候，老头打盹没听见，老伴就急了，一拐一拐地走到门口去看看，推推他："老头子，叫你也不吱一声。"然后，又转回屋内一边走一边说："睡吧，睡吧，一会儿叫你吃饭。"

这两个老人，就这样每天你看着我，我看着你，有时候坐着都不说什么话，过了几分钟你叫我一声，我叫你一声。

在家里，两个人经常围着灶台转，有一搭没一搭地说着话。甚至在一个屋内，还会问："在吗？"另一个赶忙回答："在。"老两口就是这样平淡幸福地生活着。

听一首优美的音乐，唱一首喜欢的歌曲。家里准备一顿丰盛的晚餐，和家人聊聊天。或者什么都不想，放下工作的繁忙，到大自然看树木，听鸟叫。简单就是幸福，生活简单就是幸福，沏一杯清茶，或一杯自制的热饮。打开喜欢的杂志，读读美文，从字里行间感受轻松和愉悦。简单就是幸福。

生活简单就是幸福，享受大自然带给你的美丽，吸一口清晨的清新空气，忘却喧嚣。与好朋友聚一聚，打一个电话给好朋友，寒暄寒暄。放松一下，上上网、打打牌、唱唱卡拉OK、下下棋，钓钓鱼。简单就是幸福。

一对中年夫妻用破板车拉着自家的肥猪出售之后，两人快乐极了。丈夫叫妻子坐上破板车，他要把妻子拉回家。"驾！"喜不自胜的妻子拿起赶猪用的竹条轻轻抽打在丈夫冒着油汗黝黑的背上。丈夫轻盈地迈动脚步，大声吆喝着："再卖一头猪喽……"夫妻二人大笑起来，于是幸福在破板车上飞扬。

生活简单就是幸福，平常的心态，平静地对待，脸上充满甜蜜，每天送自己一个微笑。有事没事打扮打扮自己，有事没事收拾收拾衣物。打扫打扫屋内的灰尘，唱个小曲，和朋友们一起去郊游。简单就是快乐。

放下沉重的包袱，敞开你的心扉，参加朋友们的一次聚会。周末和家人看看电视，享受团圆的欢乐。幸福就是平静、淡泊、舒坦。幸福就是简单。

给自己一份轻松的心情，保持健康积极向上的生活态度，凡事不抱怨、不贪图安逸、勤奋工作、给自己动力、保持生活的理想、珍惜时间，心怀感激。幸福就是简单，懂得最朴素最简单就是真正幸福的。

早上起来，打开窗户，就闻到了太阳的味道。清新的风儿吹进窗子，感到了暖暖的幸福，新的一天，充满憧憬和希望，幸福就是这么简单。

把牢骚拿出来晒晒太阳，心情就不会“缺钙”

每天把牢骚拿出来晒晒太阳，心情就不会缺钙；只要你的心是晴的，人生就没有雨天。当你毫不怀疑地相信一个人，那么你最终有可能得到两种结果，要么得到一个值得托付一生的人，要么得到一个值得铭记一生的教训。

悲观与乐观反映了两种人生态度，一种是光明的，阳光灿烂的；另一种是比较潮湿的，就像黄梅雨般的天气。这样生长出两种不同的植物，一种是心花怒放，鲜花烂漫，生机勃勃；另一种就可能比较容易霉烂，比较容易发霉。

美国前总统罗斯福小时候他患上小儿麻痹症。很多人可能因为这样会很悲观，可是他没有。最后他以病残之躯当上了总统。

他未当上总统以前，他的家被人偷走了很多财物。他的朋友安慰他，他写了一封信回复他的朋友，谈了三点：

第一，这个小偷偷了东西，没有伤害人是好事；第二，他只是偷了部分的东西，没有偷全部的东西，是第二件好事；第三，最重要的是，他当小偷，不是我当小偷，这是更大的好事。

在现实生活中，很多人缺少的就是这种乐观积极向上的心态，人生之事十有八九不如意，有的人往往看不到如意之事，满眼只见不如意，或者将不如意之事不断放大，满心凄苦，满眼哀怨；怨老天无眼，命运不公。

而另一种人恰恰相反，他们往往忽略不如意，满眼只见如意之事，并将如意之事加以放大，从而去享受生活的乐趣，不能不说这种人是生活的智者。

她从小畸形，一出生医生就对她的母亲说，这孩子扔了罢，是个累赘，活不长，最多能活十五岁，但慈爱的母亲没有把她扔掉，而是精心呵护地把她扶养起来，这个乐观的女孩在她母亲的影响下，从来没有过轻生的念头，活着一天就有一天的幸福，就能见到妈妈，就能看见阳光。

在她十五岁生日的那天，她在那里等死，但第二天的阳光依然属于她，她对妈妈说，既然上天这样挽留我，我应该从明天开始做点什么。灿烂笑容的她，开始活得更漂亮，并在一残疾人网上结识了现在的老公，并结了婚，婚后的她非常幸福，是她的笑容创造了一个一个的奇迹。

医生说不能要孩子，否则有生命危险，但是她想再创造一下奇迹。真的怀孕了，并且生下了一个健康的宝宝。她的灿烂的笑容感动了上天，创造了三大奇迹：一是医生当时预言的十五岁，到了现在的三十岁，还非常得健康；不敢想象的爱情，结果她的爱情更加幸福甜蜜；不能要孩子，结果她生了一个健康的宝宝。只要心中乐观，就会有奇迹发生。

一个乐观的人懂得从现实生活中找寻快乐，并将自己的快乐扩散开来，影响周围的人；一个乐观的人喜欢知足常乐，喜欢复杂的事情简单化，人天生可以不美丽，但要保持一颗阳光的心，学会为自己制造快乐，定期消除心里的垃圾，不当情感的乞丐，向别人祈求快乐。

乐观的人从来不吝啬自己的微笑，其自然、纯真的笑容犹如缕缕春风，时常给人以温暖，在滋润他人的同时，也抚慰了自己。

下面这项测试有利于帮助您了解您的乐观。

分数：0——从来不；1——偶尔；2——经常；3——总是

1. 当您每天起床时，您是否使用一句乐观的话鼓励自己，诸如，“今天将会是一个好日子。”或者“我正盼着今天的到来”？

2. 您是否能意识到大多数数据之类的东西对您其实没有任何影响，相反，您的决定会影响您周围的情况？

3. 您是否能把乐观传递给别人？

4. 您是否能少花时间担忧被对手超过？

5. 当您的想法落空时，您是否能避免灰心丧气？

6. 您是否能有效地把“反对”转化成一种潜在的好感？

7. 您是否能优雅地接受别人的赞美，并经常能真诚地赞美别人？

8. 您是否相信在这个世界里有许多好心人？

9. 您是否相信当情况趋于好转时您能够让这种趋势持续下去？

10. 您是否相信这样的观念：心灵是无法区分事实和想象的，并且您有意识地在今天保持一种良好的感觉？

如果您的总分在15分或者15分以下，您务必注意培养自己的乐观情绪；如果您的总分在20分或者20分以上，那么您已经高于一般水平了，但您仍然要经常保持乐观；如果您的分数在24分到28分之间，那您是属于那种能将乐观传递给他人的精英了。

幸福不是相对论，不能一概按斤估价

孟德斯鸠说："假如一个人只是希望幸福，这很容易达到，然而我们总是希望比别人幸福，这就是困难所在，因为我们总是相信别人比自己幸福。"

我们在生活中总是会把自己的境遇和别人的相比较，自由时间充裕的人羡慕薪水待遇丰厚的人，工作按部就班的人羡慕工作充满挑战的人。比较的惯性形成以后，每个人都习惯于看到别人拥有而自己不具备的优势，自然无法称心，难以如意，离幸福感越来越远。追求幸福被误解成为追求"比别人更幸福"。无论怎样比较，每个人都有比别人不足的地方，于是，没有幸福的人，因为没有"比别人更幸福的人"。

微博上存在着一个数目庞大的"幸福太太党"。这些太太党虽然是全职主妇，但貌似完全不用为柴米油盐的事操心，她们每天的任务就是吃喝玩乐。当你在办公室里埋头打报告的时候，她们正讨论巴黎、米兰、北京、上海各地时装；当你冲进馆子点上两荤两素套餐时，她们在城中人气咖啡馆慢悠悠地喝茶小聚；当你加班到饥肠辘辘，刚要掏手机叫外卖，这帮太太正笑吟吟地在晒照片，还顺便秀一下当日扫街战利品。

她们身体力行地告诉围观群众，我真好命呀！干得好不如嫁得好呀！

第二大幸福人群是“恩爱党”。她们的微博就是一天到晚秀恩爱。早起梳洗毕，餐桌上已经摆好健康营养餐；加班喊个累，男人已经打包甜品送到公司楼下；刮风下雨自不必愁，男人早已打伞恭候。

美国耶鲁大学教授罗伯特·莱恩说：“脱离贫困后，更高收入不会使人们更幸福。”相反，“过得简单且幸福”意味着不在自己与富人之间作比较。

美国加利福尼亚大学社会心理学教授索尼娅·柳博米尔斯基说：“我们快乐的潜能 50% 与生俱来，10% 关联生活条件，其他 40% 掌握在自己手中。”

克罗地亚萨格勒布大学心理学家杜布拉芙卡·米克洛维奇和迈达·里亚维探询幸福的基本要素，列出一份“清单”：亲密可靠的朋友、稳定的爱情生活、适合自己的职业、足够维持生活的金钱、每天至少三种积极的经历和感恩的态度。

梅西是一家心理网站聊天室的主持人。每天，她都要面对许多倾诉者，其中大多是青少年和家庭妇女。他们多数心理比较脆弱，也最需要有人帮助他们排解心中的郁闷。梅西总是耐心地劝解并引导他们走出心理误区。很快，不但梅西声名鹊起，她就职的那家网站也很受网友欢迎。

有一天，梅西正在网上和一位叫丽莎的女士聊天。丽莎向梅西抱怨道：“您不知道，我最近真是烦透了。我的丈夫老是带朋友回家来喝酒，而我的儿子则迷上了强劲的音乐，家里整天吵吵闹闹的。更可怕的是我家左边的邻居家里养了很多鸟，每天天不亮就叽叽喳喳地叫起来，而每到傍晚，我家右边的邻居家里那台噪声很大的剪草机又会准时响起来。我每天都被这些噪声包围着，如果再这样下去，我肯定要发疯的……”

梅西回复道：“丽莎太太，您之所以被那些噪声包围，完全是因为您有一双听力很好的耳朵，所以我要恭喜您。如果我有一双您这样的耳朵，那该多好啊，我可以将丈夫跟朋友喝酒制造的噪声和儿子听的强劲音乐，当成自己参加高级盛宴时所听到的声音；而剪草机和鸟的叫声则是春天的声音……可惜，我在3年前就失去了听觉，再也听不到任何声音了。”

丽莎沉默了好一会儿才说：“啊，您真是太不幸了，这么说来，我比您可幸福多了。”其实，梅西的听力很好，只是她知道：抱怨者只是希望自己比别人幸福。

其实幸福观是没有可比性的，有钱人自有有钱人的苦恼，他们苦恼的是没有丰厚的文化底蕴，苦恼的是孩子的教育，苦恼的是自己的形象也没有因为华丽的外表而感觉到更多的自我满足。

无论是做着什么样的工作，也无论是财富拥有多少，关键的是看怎么看待幸福这个概念。有的人一辈子过着丰衣足食的生活，但精神却感到空虚，这种人是不幸福的，有的人做着高官，高高在上却失去了健康、朋友而感到孤独时，这样的人是不幸福的，而真正的幸福要看自己对幸福的理解，看自己对幸福度的追求。

听，幸福的声音

幸福总是留给懂得珍惜的人，不懂生活反而一味地埋怨生活的人是悲哀的。

生活的意义在于发现幸福。我们不必将自己的幸福建立在别人的痛苦或不幸之上，明白自己所拥有的幸福只是为了更好地珍惜生活，而不是给自己、给生活留下不明所以的遗憾。幸福来源于比较，越幸福的人越懂得珍惜生活。

小区里有这样一户人家，小两口也就三十来岁，看样子也都是安安稳稳的工薪层，他们衣着不讲究、不时尚，也不怎么打扮。他们有一个先天脑瘫的儿子，十多年来，为了给孩子治病，不知道他们有过怎样的付出，受过怎样的磨难，有过怎样的揪心。为了孩子，他们不弃不离，为了孩子，他们也许花光了自己所有的积蓄，也许背着重重的外债。他们的日子是多么沉重和难熬。

冬日的阳光里，那男的骑着三轮车，一脸的坦然；狭窄的三轮车斗上横着一个用海绵包裹着的木板，儿子在木板上坐着，脸朝前方，还是那副特有的张望世界的表情；那女的面向前方，扶着儿子在木板上半蹲半跪着，那样细心，她一脸的平静与安详，平静安详之中似乎还露着不意觉察的笑容。他们是那样幸福，那样惬意，他们有一个完整的家，一个被爱和温暖密密包裹着的家！

生活中有这样两种人：一种人想得到整个春天，命运只给了他一片树叶；一种人只想得到一片树叶，生活却给了他整个春天。前者抱怨生活，后者感恩生活。抱怨的人即便坐享150平方米的大房子，他还是找不到一平方米的幸福。感恩的人即使住在茅草屋里，也是幸福的——房屋清风作弦，檐下雨露为琴，屋顶鸟啾当歌，天上月波如镜——因为幸福不在于拥有多少，而在于你计较多少。

其实，很多时候并不是生活亏待了我们，而是我们自己的期求太高，以至忽略了生活本身。我们应该具备发现幸福的能力，正如法顶大师所言：海边美丽而圆润的鹅卵石之所以美丽，不是被坚硬的金刚砂打磨出来的，而是被轻柔的、温和的海浪冲刷所致。人们以为幸福是追求来的，其实，幸福是发现得来的。丢掉不切实际的愿望，珍惜身边所拥有的，才是幸福的源泉。

有一个青年富商，英俊潇洒，而且拥有很多的财富和一位温柔美丽的妻子。但是他仍然觉得很烦恼，一点点的不如意都会使他心情郁闷。他嫉妒有的人比他更富有，有的人比他更英俊。

他甚至觉得自己的妻子也一天比一天丑。他希望自己像国王一样富有，拥有更多人的尊敬。于是，他把自己的想法告诉了上帝，祈求上帝给他幸福的生活。上帝问他：“你真的不愿意过现在这样的生活了？”他说是的。“我会给你幸福的！”上帝说完就消失了。

等到这个人回去时，却发现自己以前的大庄园没有了，只有一个破旧的茅屋在那里，这时从茅屋里走出一位又矮又胖，脸上长满了雀斑的自称是他妻子的丑女人，上前来拥抱他，他真的有些受不了。丑女人给他端来洗脸水，他看到了自己的面容根本不像自己，而是一个丑陋的家伙，他惊呆了。但是丑女人叫出了他的名字，并说出了他们结婚的日期，他不愿相信这一切，可又不得不接受。他痛苦地过着每一天，和从前的日子相比简直就不是人过的日子。

是的，幸福原本无处不在，无时不在。“颜回一箪食一瓢饮陋巷”，这是清贫者的幸福；青云直上，加官晋爵是政客的幸福；生意兴隆通四海，财源茂盛达三江，是商人的幸福；金榜题名，是读书人的幸福……

幸福它最忠诚，会永远跟随着我们，不会在我们的生命道路上茫然若失，幸福它最羞涩，只有我们确定我们此生永不离开它，它才会轻轻牵起我们的小手，对我们说它也一样。

如果，你是鱼儿，那幸福就是一汪清凉清凉的水；如果，你是小草，那幸福就是一束暖暖香香的阳光；如果，你是花儿，那幸福就是一滴晶莹清纯的露珠；如果，你是鸟儿，那幸福就是一片湛蓝的天空。

做个傻子：要自己幸福

有人说，婚前要把眼睁得大大，婚后只需睁一只眼、闭一只眼。所谓的闭一只眼睛，大约就是“装傻”吧！任何事情都有它的模糊地带，婚姻也不例外，太较真了，会使婚姻产生细小的裂缝。婚姻不是一朝一夕的事儿，天长日久，缝隙越来越大，以至于无法修补，后悔晚矣。

如果不想对这段婚姻放手，那么不妨试试“装傻”。这样说并不是让谁去忍气吞声，而是换一种思维方式，把生活中的小事儿模糊处理。

一位女士说：“她和老公过不下去了，准备离婚。”朋友惊讶不已，以前她总把老公的好挂在嘴上，惹得一帮女友艳羡不已。问她为什么，她愤愤地说：“我对他那么好，他为什么那么不长良心？他的袜子、衬衫都是我亲手给买的，他的早餐、晚餐都是我亲手给做的，他的衣服都是我亲手给他洗的，对于这个家，我付出了那么多，他却跟我撒谎，刻意隐瞒他的行踪，被我发现了，他竟然说我平常疑心重，不敢告诉我，怕我生气上火。这算什么理由？我明知道他口袋里有200元钱，可是第二天他就不承认了，这日子真的没法过了。”

她去问禅师，禅师说："你是个傻子。"她还是不解，禅师又重复了一句："你是个傻子。"

她恍然大悟。回到家，她没向老公问什么，只是准备好饭菜，等着老公来吃。老公这天晚上十点才回来，她坐在沙发上睡着了。老公叫醒她，她本来也想发火，但是想到禅师的话，她去把饭菜热了一下，然后一起吃。几天后，老公七点左右就回来了，回来后在家里乐呵呵地。

培根说："生活中有许多人徒然具有一副聪明的外貌，却并没有聪明的实质。这是小聪明，大糊涂。"现实生活中有许多人，看起来非常聪明，可凡事斤斤计较，凡事只知进，不知退；凡事都要丁是丁，卯是卯，活得很累。如是把自己累得身心疲惫，真不如在现实生活中，用一种"难得糊涂"的思维方式，以平常之心、平静之心对待人生，换得泰然安详。

苏东坡的"我被聪明误一生"和"我愿生儿愚且鲁，无灾无病到公卿"，以及王允之的"洋装"等，也许就在为那"一时"与"一世"的"糊涂"而感慨。

金无足赤，人无完人。所以，每当看到别人的缺点，就抓着不放，殊不知，囚禁别人的同时，我们的内心也跟着封闭了。与其争吵、埋怨，倒不如和和气气地寻求解决的方法。追寻问题的根源，避免类似的事情再次上演。大事化小，小事化了。帮助了别人，成全了自己。

郑板桥一次游览莱州的去峰山，本想观赏其山中郑文公碑，但因盘桓已晚，便借宿于山中一茅屋，茅屋主人是一儒雅老翁，自称"糊涂老人"。主人家中陈列一方桌般大小的砚台，石质细腻、镂刻精良。郑板桥大开眼界，赞叹不已。

次日早上，老人请郑板桥题字：以便于刻于砚背。郑板桥即兴题写了

“难得糊涂”四个字，后面盖上“康熙秀才、雍正举人、乾隆进士”方印。因砚台大，尚有余地，郑板桥就请老人写上一段跋语。老人提笔写道：“得美石难，得顽石尤难，由美石转入顽石更难。美于中，顽于外，藏野人之庐，不入富贵门也。”他也用一块方印，字为“院试第一、乡试第二、殿试第三。”

郑板桥见之大惊，方知老人是一位隐居于此的高官。由于感慨于“糊涂老人”的命名，郑板桥又提笔补写道：“聪明难，糊涂难，由聪明而转入糊涂更难。放一著，退一步，当下心安，非图后来福报也。”两人如遇知音，相见恨晚，遂谈文说词，畅谈人生，结为挚友。

生活之中，每天都在上演不同的泡沫剧，我们没有必要在一些事情上浪费精力。有的时候累得筋疲力尽，气得浑身发抖，还是未能处理妥当。凡事没有必要过于挑剔，完美总是可遇而不可求的。地球每时每刻都在转动，事情当然也不会静止而一成不变。身边每一分钟都发生那么多的事情，如果我们都要干涉，可想而知，我们怎么会管得过来呢?

其实，在别人眼里，我们没有那么重要，如同地球离开谁都会运转一样。所以，不要把自己看得那么重，一直在计较着，而增添不必要的心理压力。要尝试着让自己变得很轻，那么如果哪一天从高空坠下，才会不容易受伤。试想，瓦片与棉花同时从楼顶跌落会有什么后果呢，结果显而易见。

幸福的天敌是“多”，而不是“少”

慧律法师说：“人生的浮浮沉沉，欲望乃是最大的滥觞。我们如果能在每一个刹那，自我观照，自我控制，长养智慧与安详。没有忧虑、没有恐惧、没有攀缘，离开一切执着，则能拥有统一和谐的心灵，幸福也就掌控在你的手中。”

清人胡澹编辑的《解人颐》一书中，收录一首诗，名为《不知足》：“终日奔波只为饥，方才一饱便思衣。衣食两般皆具足，又想娇容美貌妻。娶得美妻生下子，恨无田地少根基。买得田园多广阔，出入无船少马骑。槽头拴了骡和马，叹无官职被人欺。县丞主簿还嫌小，又要朝中挂紫衣。若要世人心里足，除是南柯一梦西。”

一位从事房产营销策划的年轻人，经过几年的奋斗，在业界已小有所成。他的生活每天像拧紧了的发条，被传真、资料、甲方及各种方案充塞得满满的。

一夜，他加班到很晚，走了好长一段路也没有叫到车。

走得热了，他停下来，松开衬衣领子，仰头呼了口气，这时，他吃惊地看见星星在丝绒般的夜幕上闪烁着，流溢着无言之美，一如他大学毕业离校前最后一晚，几个要好的同学躺在图书馆前的草地上看到的那样。那夜，他们深深地被血脉中的鼓张的青春激荡着，被广袤的星空与未知的前途吸引着。

那以后，他几乎再也没有注视过夜晚的星空了，他一直保持着弯腰奔跑的姿势。

太忙了！欲望总在膨胀，目标总在前面……夜晚的这个时刻，他多半在楼盘方案、计划书及各种应酬中度过，他从没有想过哪怕透过一扇小小的窗，去望望宁静的夜空，倾听心灵的细小声音。

欲望像越滚越大的雪球，蛊惑着他拼命向前，那个雪球通往幸福吗？幸福的标准又是什么呢？他不知道。心灵被欲望占据久了，有些麻木了。

星空下，他突然想起以前在大学看过一位日本餐饮业巨头总结的成功之道：在其连锁店中提供给顾客的，永远是 17cm 的汉堡与 4℃的可乐，据他的研究人员发现，这是令客人最好的口感，当然你可以选择把可乐加热到 12℃，把汉堡做成 20cm 厚但并不意味着最佳口感。

对于幸福，其实也只需要 17cm 和 4℃就够了。

幸福，是一路上持续发生的，就如某夜静极而美丽的星空带给人的震撼，而非那令人疲惫的终极雪球。

生活中，有的人就如《不知足》诗中所说的那样，永远不懂得知足。他们总是在满足了一个欲望的同时，又想得到更多，拥有更多欲望，这永无止境的贪婪，最终会使人迷失方向，并彻底毁灭一个人或是一个家庭。有的人拥有了荣华富贵，却永远失去了方向；领略了呼风唤雨的成就感，却也领教了高处不胜寒的炎凉；满足了被人吹捧奉承的虚荣，却得到了钩心斗角、尔虞我诈的残酷教训。

知足常乐，相反，不知足就总会感到痛苦，花花世界，绚烂迷人，放眼世间，我们想要的太多太多，金钱、地位、名利、豪车、好房、才华、美貌、气质、完美的伴侣、美满的家庭……

所有的需求织成一张巨大的网，我们在不知不觉中甘愿被困在里面，滑稽地追逐着所谓的梦想，自得其乐，殊不知我们早已被欲望蒙蔽了，失去了很多原本拥有的东西。面对欲望时，擦亮自己的眼睛，把心定下来，轻轻问问自己的心，什么才是自己最想要的？什么才是我们能够拥有的？我们这颗心能承受些什么？能容纳和消化多少美好？给你一千亿元，你未必过得比现在好。让你拥有一个呼风唤雨、叱咤风云的大腕父母，你也未必比现在的你更优秀。私人定制的生活是一个恍惚的梦。

霍华德·休斯是位法学博士，对偷渡者的幸福进行研究。他发现，这批偷渡者由于都有着强烈的发财梦，来美国后，经过二十余年拼搏，日子过得都不差，有将近一半的人，靠冒险和吃苦的精神达到了美国中产阶级的水平。

那么，他们为什么仍抱怨没有过上幸福生活呢？为了找出根源，霍华德博士对他们一一进行调查。下面是他对其中的 4 位所做的调查记录：

某水产商，初来美国时，在迈阿密的水产一条街做黄鱼生意，现已由原来的一间店铺，发展为连锁店。20 年来，为挤垮竞争对手，未休息过一天，更未出外度过一天假。

某旧车经销商，住休斯敦郊外，别墅面积 1 518 平方米，二楼为仓库，存旧车胎 3 600 条、旧发动机 420 台。现有旧车 7 辆，改装的摩托车 6 辆。

某房产开发商，1995 年之前，在 13 个市镇拥有房产开发权，因逃税被判一年六个月监禁，剥夺开发权，罚款 8 600 万美元，现从事涂料进出口业务。

某中介商，来美国后，一直从事海地、多米尼加、波多黎各等国的劳务输出工作，通过他，本家族 60% 的人在美国打工或暂住，现和他一起居住的亲属 14 人。

霍华德的调查报告长达 730 页，历数了每个人的生活状态。这份报告被交到美国国务院之后，迅速被移交到移民部。没过多久，原纽约水牛城收容所的 512 名难民每人收到一个小册子，小册子的封面上写着：一个穷人成为富人之后，如果不及时修正贫穷时所养成的贪婪，就别指望能跨入幸福的境界。

随后，美国《加勒比海报》报道，有一位来自加勒比海地区的富翁卖掉公司，打算去过简朴的生活。

第二天，霍华德博士收到美国移民局的一封信：这批难民中已有一人找到了富裕后的幸福。

繁华尘世，欲望之海，有太多的东西得到了又能怎样？人的欲望就是一把锁，锁住你的思想，锁住你的青春，使你走在满足自己私有的道路上。满足就是拥有的比想要得多，不满足就是想要的比拥有得多。

满足不在于财富的多寡，也不在于拥有多少权利，而在于欲望的大小。人的欲望是没有穷尽的，“福”字也会使你想入非非，不免会产生对生活的美好向往。只是世界上没有救世主，所谓“福”，全靠自己去创造，去奋斗。福是平常，不要惊奇；福在身边，不要远求。一个人欲望不能多，多了反而背上沉重的包袱，也难得实现，人要知足，知足者常乐，知足也是福。

第七章 我们走得太快，灵魂都跟不上了

吃饭的时候吃饭，睡觉的时候睡觉

出名趁早、赚钱趁早、结婚趁早、买房趁早、升职趁早……眼下，越来越多的人生怕落在别人后面。网上甚至流传一句话，“到 30 岁还不成功，你就没希望了！”这让不少年轻人感到焦虑。

许多人把有好工作、买房子等“硬件”看得太重了，因为在现在很多人看来，一个生活在大城市的青年，就应当努力追求并如愿以偿地拥有这些“硬件”，否则他就“混”得很惨，如果毕业之后只能白手起家从头做起，那么他就是一个彻底的失败者，一个没有“混出个人样来”的弃儿。

28 岁的北京大学信息科学技术学院硕士研究生小柳，离校出走，至今音讯全无。他从小成绩很好，考上北大后发誓要混出个人样来，“周围的同学都有女朋友了，他还没有；好多同学都考了驾照，他考了但没通过；出国留学也受挫了；马上面临毕业，还不知道能不能找到好工作，又没有钱买房子……”大约因为不堪现实和未来施加的过于沉重的压力，小柳选择了逃避。

青年人中充满着对成功的焦虑感，发展到严重的程度，可称之为“成功焦虑症”。青年人为何容易出现成功焦虑症呢？

一是因为我们经受过的教育，“三十而立”的思想深入人心，对青年人形成了心理压力。尤其是在经济高速发展的时代背景下，一部分青年科技人才迅速致富，对青年人形成极大的诱惑，使他们产生了盲目攀比的心理。

二是单一地把成功与发财等同起来。成功的概念在现实当中，被很多年轻人缩了水，变了质。似乎成功就是收入高，多捞钱。成功本来的意思，就是自我实现——实现自己的愿望。如果一味把成功与钱等同，青年人就更容易焦虑，因为他会发现，这个世界上，比他钱多的人太多了。钱的正当积累有其规律，从理念上讲，是要遵循“舍得”法则的，即“多舍多得，少舍少得，不舍不得”，讲究的是投入与回报的正向联系。而且，还有个时间过程。但是，有些青年人在这上面没有正确的认识，总想投机取巧，结果聪明反被聪明误。

再往深处探究，会发现造成青年人成功焦虑症的深层原因还有内心的恐惧感。青年人由于生存所迫，自然会把钱财作为消除恐惧感、获得安全感的依赖物，往往对钱财过度渴望，而忽视了获取钱财的方式。他们对发财，一是要越多越好，二是要越快越好。这是将成功需要与生存需要混为一谈了。

飞机上，空姐给乘客送食品。中年人细细地品尝美食，而邻座的年轻人却愁眉苦脸地望着窗外的天空。

中年人颇为好奇，热情地问：“小伙子，怎么不吃点？这伙食标准不低，味道也不错。”

年轻人慢慢地扭过头，不无尴尬地说：“谢谢，您慢用，我没胃口。”

中年人说："如果不介意，说来听听，兴许我还能给你排忧解难。"

年轻人说："昨夜接到女朋友电话，说有急事要和我谈谈。问她有什么事，女朋友表示见了面再说。"

中年人听后笑了："这有什么犯愁的呀？见了面不就全清楚了吗？"

年轻人说："她可从来没这么和我说过话。要么是出了什么大事，要么就是有什么变故，也许是想和我分手，电话里不便谈。"

中年人笑出声："你小小年纪，想法可不少。也许没那么复杂，是你想得太多。"

年轻人叹道："我昨天整个晚上都没合眼，总有一种不祥的预感。唉，你是没身临其境，哪能体会我此刻的心情。你要是遇到麻烦，就不会这样开心啦。"

中年人依然在笑："你怎么知道我没遇到麻烦事？也许你的判断不够准确。"说着，中年人拿出一份合同，"我是去广州打官司的，我们公司遇到前所未有的大麻烦，还不知能否胜诉。"

年轻人疑惑地问："您好像一点儿不着急。"

中年人回答："说一点儿不急是假的，可急又有什么用呢？"

年轻人不禁有点佩服起眼前这位儒雅的绅士来。一晃几十分钟过去，到达了目的地广州，中年人临别给了年轻人一张名片，表示有时间可以联系。

几天后，年轻人按照名片上的号码给中年人去了个电话："谢谢您，张董事长！如您所料，没有任何麻烦。我女朋友只想见见我，才出此下策。您的官司打得怎么样？"

张董事长笑声爽朗："和你一样，没什么大麻烦。对方已撤诉，我们和平解决。小伙子，我没说错吧，很多事情面对了再说，提前犯愁无济于事。”

从心理学的角度看，焦虑原本不是坏事，它可以视同为一种忧患意识，能使人警醒、催人奋进的意义。但焦虑如果发展到极端，就成了一种心理障碍，使人充满了过度的、长久的、模糊的忧愁和担心。

一般的焦虑都有一定的诱因，“成功焦虑”和“成功焦虑症”的诱因，则在于流行的社会意识对所谓“成功”的片面认定与过度强化。人们耳目所及，能挣钱、挣大钱、香车豪宅、出人头地、富贵还乡、赢者通吃、名利双收，通通都是“成功”的代名词。

其实，对于未来的事，不要那么着急。没有发生的事，自己尽力而为就可以了。焦虑没有用，有用的就是按部就班地过日子。

急于求成，速度最慢

在现实生活中，这种急功近利的人也大有人在，他们来也匆匆，去也匆匆，以至于在他们的人生履历上除了一个逗号，就是句号了。可见，急于求成，心态浮躁，会把最简单、最熟悉的小事都办糟，何况富有挑战性的大事呢?

古时候，有一个年轻人决定外出寻宝，在经历了千辛万苦后，他终于在热带雨林中找到了两棵稀有的树木。这种树木的树心散发着浓郁的香味，把它放入水中不浮反沉。这个年轻人非常兴奋，就拖着这两棵树到集市上去卖。然而，整整一个上午过去了，年轻人的这两棵树却无人问津。这时他看到旁边卖炭的人生意很好，就把自己的树也烧成了木炭。结果这个年轻人很快就将木炭卖光了。他揣着钱袋，回家高兴地把此事告诉了他的父亲。

当父亲听说情况后却连声惋惜，他为自己的孩子感到十分遗憾："孩子，你所找到的正是世上最珍贵的沉香树啊，从它上面切一小块磨成碎末，价钱也顶过你卖一年的木炭。"年轻人听后虽然十分后悔，却是追悔莫及，只恨自己有眼无珠，白白糟蹋了珍贵的宝物。

《论语·子路》里有一句著名的成语："欲速则不达。"意思是说主观性急图快，违背了客观规律，反而达不到目的。对于"一万年太久，只争朝夕"的急躁者来说，最不容易接受这个理念。事实上，创业本身就是一个需要长期努力的过程，因而，想要快速的成功，只会"欲速则不达"。

俞敏洪对急于成功的创业者的建议是"急事慢做"。其实他也是一个事事慢做的人，高考考了三年，最后考上了北京大学。新东方很少有员工看见他有发脾气的时候，总是不紧不慢地说道："慢慢来，越是着急的时期，越是不好做的事情，越是需要想周到才去做。"有的时候想不清楚的事情，稍微等一等，可能会比你更加匆忙地去做，要更有效一点。

佛经里有一则故事：有一只毛毛虫，梦想有一天自己能够长成最大、最漂亮的蝴蝶，所以它拼命吃东西，等到化蛹成蝶时，翅膀无法承载它超重的身体，最后掉在地上摔死了。只要你有一个合理的目标，有一个合理的梦想，把事情一点一点积累起来，最怕你着急，一着急以后，基础不牢固，就想做高楼，这个钱扔进去了以后，再也出不来。

人做事的时候眼光要远一点，不仅要看到近期的得失，还要看到长远的影响。目光太短浅，有时是要命的缺点。只有凡事不急于求成，才能真正有所成就。

贝多芬写《合唱交响曲》用了39年的时间，最终将无数次的灵感串联成旷世佳作。

越王勾践为了灭吴受了多少年的凌辱，尝了多少年的苦胆。他从来没有草率地为报一箭之仇而出兵吴国，而是用平和、坚定的心对内不断提升自己，对外等待最佳时机。可见，坚定而又平和的心态才是成功的前奏。

美国第31任总统胡佛在六岁那年父亲去世，不久母亲也相继过世。

辗转于亲戚之中的胡佛，因为坎坷的童年经历，过早地成熟并学会了自立，白天在伯父开办的俄勒冈土地公司里当办公室杂役，记账、打字，晚上读商业夜校。从斯坦福大学毕业后，他当过薪水低廉的矿工，通过逐渐积累的经验和学识，他又成为工程师、管理人员……这些经历使他丰富了视野，练就了精明圆滑的处事方法，以及敏锐的洞察力，并为他日后竞选总统奠定下了深厚的基础。

俗话说，急于求成则不成。只顾眼前利益，缺乏长远打算，这样的人注定难成大器，这样的发展注定不可持续。急，要有成就事业的紧迫感、加快发展的责任感；急，也要有脚踏实地的态度、求真务实的精神。只有把握好“急”与“不急”的辩证法，认识到“急”与“成”的相互关系，才能急对地方、急对方法。违背规律，盲目冒进，看似跨越，实则无着；急错了地方、用错了力气、方向不对，走得越快，错得越多。失去节奏、乱了步伐，难免摔个跟头。

急能产生推动力，也能催生破坏力。一方面，做决策要讲求时效，善于“急中生智”，优柔寡断、犹豫不决，就会错失良机。另一方面，人一着急，就容易头脑发热、做错事。因此，心急头脑要冷静，再紧迫，也要保持清醒的头脑。

慢慢来，才最快

现在我们这代人看上去都挺急，房子、车子、票子样样不能少。一位企业家说："慢慢来，都是这么过来的。25 岁时我在一家体制内单位工作，已有七八年工作经验，待不下去了，要走。领导请我喝酒。他一口闷了一杯酒，跟我说，'你还年轻，别想那么多，别着急，做该做的事。'我记着老领导这句话，其他都不想，就做自己的事，一晃眼就到现在了。我从不说奋斗的口号，就是一步步来。房子、车子这些东西，说真的，只要你不傻不笨，踏实做该做的事，到时间都会有的，不可能没有。别去想它。别去管别人怎么做，相信自己的判断。守得住，慢慢来。"

有位年轻人，才气很高，也曾受到领导的重用。可是由于公司管理混乱，他受到了排挤，心里很是不舒服。

一天他去看望他的老师。他的老师今年已经八十六岁了。聊着聊着就向老师说出了自己的郁闷。

老师高龄，但身体很好。老师指了指院子里的树。年轻人他忽然发现那棵枯死多年的老树冒出了新芽，便问："这树前几年我来看您的时候，都已经死了，怎么又发芽了呢？难道是感动了天地，让枯木逢春！”

老师说：“不是的，只是我经常为它浇水，它才慢慢活起来的。”

他听到后，感慨良多。他回到公司不再去急着说管理制度的不好，而是坐下来，做自己的事。他一步一步地做，很快得到职位的提升。

唐功红是重量级的超人，在中国奥运史上获得第 100 枚金牌。上体校后，唐功红说：“我从来就没有节假日，从来就没有星期天，从来就没有什么娱乐，也没有时间去考虑其他的问题，只有举起、放下、放下、举起，每天的运动量要达十几吨。”最终，因为她的一步一脚印，因为她的拼劲，在雅典打破了世界纪录。成功是没有电梯的，需要你一步一步走上去。

著名画家列宾也是一位脚踏实地的人。他作画一向都是严谨认真，勤奋不懈的。他的每一幅画差不多都要从头到尾画过十来遍，最后才定稿。有一次，列宾为普希金作画像，他先后画了至少一百余幅，历时二十年才定稿，这就是《涅瓦河边的普希金》。列宾的认真、谨慎和坚持不懈终于让他成功了！

其实，人与人之间的差别是很小的。只要脚踏实地地付出，总会有收获。

有两个年轻人，他们最终成功了，如果仔细观察，会发现我们的周围的成功与之也很相像。

一个叫藤田的日本年轻人，在日本创立了麦当劳在日本的第一家分公司。其实他前几年也没什么钱。不过他每月雷打不动地坚持把工资和奖金的 1/3 存入银行。几年后，他把他财富积累的过程说给了一位银行家，最终银行家被他打动。从银行家那儿获得了 100 万美元的贷款，一个靠从牙缝中挤钱，从而跻身亿万富豪行列的人。

另一位是美国人，他叫威廉·江恩。他躲在狭小的地下室里，把美国证券市场有史以来的记录收集到一起，一头扎进了数字堆里，在那些杂乱无章的数据中寻找着规律性的东西。

几年后，他成立了自己的经纪公司，并发现了最重要的有关证券市场发展趋势的预测方法，他把这一方法命名为“控制时间因素”。在接下来的金融投资生涯中，他赚取了5亿美元的财富，成为华尔街上靠研究理论而白手起家的神话人物。

其实生活中类似的事情很多，没有一个人的成功是一蹴而就的。先贤老子主张：处理问题要在它未发生以前。治理国家要在未乱之前。合抱的大树由细小的幼苗长成，九层的高台是一筐一筐泥土砌成的，千里之行始于足下。因为这才是事物发展的规律，不可违背。

可世上总有人觉得一步一步太慢、太傻。五谷道场用6年时间便做到了全国排名第六的市场地位，其成长速度之快、风头之猛，曾让同行谈虎变色。2007年，放言增加48条生产线，拿下方便面市场60%份额的五谷道场命运急转直下，衰落速度比成长时还要快。最终，2009年被中粮集团收购。与其冒大风险去取巧，不如一步步去拙成。

不要急躁，学会耐心等待

有很多时候我们需要等待，需要耐得住寂寞，等待属于你的那一刻。周润发等待过，刘德华等待过，周星驰等待过，王菲等待过，张艺谋也等待过……看到了他们如今的功成名就的人，可曾看到当初他们的等待？你可曾看到金马奖影帝在街边摆地摊？你可曾看到德云社一群人在剧场里给一位观众说相声？你可曾看到周星驰的角色甚至连一句台词都没有？

每一个人都有自己的节奏，何必要急躁呢？

任何一株花草树木都不急，在一年中，它们都要开花一次，都有属于自己最美丽的瞬间。它们不提前，也不滞后，不慌不忙，从容不迫。它们都知道，造物主早就安排好了，每株花草树木只有一次开花的机会，不会多，也不会少。梅花开放的时候，桃树静静地看着。白玉兰翩翩坠落的时候，茶树知道该它们上场了。池中的鱼儿也不急。它们急什么呢？要赶路吗？吃饱了还要更饱吗？不是，它们只需要在水里游来游去。

有一种花叫作月月红，它就很急。只要看见有别的花在开放，它就嫉妒。上帝是宽容的，说：“你要是想开花就开花吧。”一年四季只要有别的花开放，它就要开放。一年四季总是有花开，于是它一年四季都开，人们叫它“月月红”。由于它太急了，只知道开花，没有想到积聚能量，蕴藏芳香，所以开放的时候，人们只看见它很红，看不到其他的好。

与其因急躁而让自己的眼睛看不到全局，不如沉下心来琢石成器。

乔布斯凭着 iPhone、iPad 产品的畅销实现了自己“改变世界”的梦想。但这样一位影响全球的天才，也有近 11 年的不断琢石成器的过程。在这段人生中，他经历了三次重大的琢石成器的过程，给乔布斯带来了极大影响。

1985 年，乔布斯因决策失误而被董事会赶出自己创立的公司，接着因开发 NEXT 电脑没有销量而被人嘲笑，后来又因他对皮克斯公司产业定位不准而成为市场的笑料。有人在报纸上嘲笑乔布斯：你已经过气了。乔布斯沉住气，也不去反驳一句，经过多年的奋斗，用自己的理念终于使得皮克斯的电脑动画大获成功，最终以丰厚的资产与超人的智慧，重新回归苹果公司，这让全球的 IT 界都为之惊呼，随后乔布斯引领苹果实现了“改变世界”的梦想。

是金子总会发光并不假，不过金块不经打磨而急着面世，所发的光是有限的。精雕细琢的金子，变成了艺术品后，才更有生命力。

有位年轻人去美国读书，但课程表里却有一门与专业无关的学科，且为必修。

年轻人大惑不解，跑去问教授，问是不是排错了？教授说没排错。

年轻人说：“我们学政治的去学矿物，既没用又枯燥。”

教授答：“你面对一门又没用又枯燥的学问，用耐心将它学会，这就是教育的目的之一。”

不少人认为，人生苦短，没有时间去等待。于是，烦躁的心态、急功近利的想法常常让现代人焦虑不安。其实，一夜成功的机会是少之又少的，在人生的征途上，我们需要用耐心和毅力去面对刚进社会时的无知与无人喝彩，需要用耐心和毅力去面对。

《孟子》里写道："舜发于畎亩之中，傅说举于版筑之间，胶鬲举于鱼盐之中，管夷吾举于士，孙叔敖举于海，百里奚举于市。"这几位后来功成名就的人物在年轻时甚至在中老年时都还默默无闻，都在做着"卑贱"的活，但是他们没有一个人跑出来大嚷说："我很有才华""我能治国"等话，在长久的岁月里谁也不知道自己能否建功立业，脱离这种悲苦的生活，他们唯一做的就是等待。

做大事，要有大格局。还没备好干货就急急忙忙地去享受世人的爱戴，江郎才尽的日子指日可待。与其如此，不如踏实下来，备好干货，再面世人。

把最后一个扣子扣好

墨子在《修身》一文中有这样一句话：“置本不安者，无务丰末；事无始终，无务多业。”意思是说，根基树立得不安稳，就不要追求枝节的茂盛；办事要有始有终，不要盲目追求多种事业。

老子曾说：“慎终如始，则无败事。”这句话的意思是说，只要一个人对自己正确的选择有毅力，坚持不懈，像刚开始时的状态一样，始终对事情保持谨慎，那么他做任何事情就都会得到一个满意的答案。

有两个年轻人，毕业后去了同一家公司求职，最后他们都被留了下来，但上班第一天，经理就告诉他们，他们现在只是在试用期，并不是公司的正式职员。第一个月公司会对他们的工作状况进行考核，合格的在试用期结束后将会成为公司的正式员工。

试用期的工作是枯燥的，并且他们的工作量很大，经常加班到很晚，但是都没有去抱怨，他们都期待着试用期过后，自己能正式成为公司的一员，两个人干劲很足。

最后那天下午，经理找到了这两个年轻人，对他们说：“非常抱歉，你们都没有通过公司的考核，按照我们事先的约定，你们不能再在公司待下去了，这是这个月的工资，你们收好，等上完今天的这个夜班，你们就可以走了。”

听到经理的这些话后，都非常惊讶，但事情已经这样了，也没有回旋的余地了。夜班时间很快就到了，有一个人向厂房走去，他不想因为自己的原因而影响整条流水线的工作。另外一个人心想既然没有通过公司的考核，并且工资也发了，索性没有去上夜班。

最后一晚像往常一样结束了，年轻人疲惫地走出厂房，令他吃惊的是，经理正站在厂房的门口冲他微笑。经理招手把他叫过去，对他说：“经公司研究决定，你的试用期今晚正式结束，我们决定录用你为我们公司的正式职员，明天请到公司总部接受新职位的任命，恭喜你。”

有一著名调查机构用了三年时间做了一个匿名的问卷调查，调查对象是 50 ～ 60 岁有过创业失败经历，目前仍没有多大成就的人。

其中一项是，你创业失败的时候，距成功有多远？统计显示：79% 的调查对象认为还有 20% ～ 30%。还有一项是，你后悔吗？有两项可供选择：一是“后悔”，二是“不后悔，已经努力过。”64% 的调查对象选择了后者。

“已经努力过”，这是一句多么无力的话，当说出此话时，便是失败者的姿态，因为努力是理所当然的。其实，从开始时就已经决定了，最终的结果要在“零”和“一”做选择。

如登山者，中途改变当初到山顶的计划，给自己一句“我已经努力”而默默下山。虽说有时付出了，就值得了，无论结果如何。但是理性在对我们说，这是半途而废。

瑞士有一家叫“美寿多”的修鞋配钥匙公司，老板苦心经营途中曾也多次想过放弃，但是他们最终还是决定坚持做下去了，结果他们把这种不起眼的小生意，竟然做成世界性的行业。现在它在全世界 26 个国家设有 3 200 个修鞋配钥匙中心，年营业额达数十亿美元。

试想，倘若“美寿多”公司，在遇到困难时不坚持做下去了，又会是哪一般光景。然而，对一件不起眼的小生意，他们是坚持经营着，却也做成了大产业。

做事就要在“零”和“一”做选择，如果虎头蛇尾，注定是“零”。很多人开始的时候总是雄心壮志，宏图远大，可是随着时间的推进，慢慢地就没有了动力，没有了毅力，没有了决心，到最后草草了事。

古人云：“行百里者半九十。”一百里的路程，走到九十里也只能算是才开始一半而已。

越往后走，越要始终如一，保持好节奏，走完全程。

心散则志衰，志衰则思不达

古训有言："欲多则心散，心散则志衰，志衰则思不达。"简单理解就是人的欲望和涉及面多了，心思和精力就会分散，这样自己内心的志向就会被遗忘或衰退，而志向和目标不明确就使自己变得糊涂，这样就很难成就一番事业！

一位久负盛誉的企业家在告别职业生涯之际，应多人要求，公开讲一下自己一生取得多项成就的奥秘。

会场座无虚席，奇怪的却是在前方的舞台上吊了一个大铁球。观众们都莫名其妙，这时，两位工作人员抬了一个大铁锤，放在老者的面前。老者请两位身强力壮的年轻人上来，让他们用这个大铁锤去敲打那个吊着的铁球，把它荡起来。

一个年轻人抢着抡起大锤，全力向那吊着的铁球砸去，可是那吊球却一动也没动。另一个人接过大铁锤把吊球打得叮当响，可是铁球仍旧一动不动。

观众们都以为那个铁球肯定动不了，这时，老人从上衣口袋里掏出一个小锤，对着铁球敲了一下，然后停顿一下再敲一下。人们奇怪地看着，老人敲一下，然后停顿一下再敲一下，就这样持续地做。

10分钟过去了，20分钟过去了，会场开始骚动。老人仍然不理不睬，继续敲着。大概在老人进行到40分钟的时候，坐在前面的一个妇女突然尖叫一声："球动了！"霎时间会场立即鸦雀无声，人们聚精会神地看着那个铁球。那球以很小的幅度摆动了起来，不仔细看很难察觉。吊球在老人一锤一锤的敲打中越荡越高，场上爆发出一阵阵热烈的掌声。在掌声中，老人转过身来，慢慢地把那把小锤揣进兜里。

老人用小锤就可以敲动的球却不能被年轻人敲动，足以看到想要有所成就，就必须有专注的精神。

"年轻人事业失败的一个根本原因，就是精力太分散。"这是戴尔·卡耐基在分析了众多个人事业失败的案例后得出的结论。事实的确如此，许多生活中的失败者几乎都在好几个行业中艰苦地奋斗过。然而如果他们的努力能集中在一个方向上，就足以使他们获得巨大的成功。

荀子有言："蚓无爪牙之利，筋骨之强，上食埃土，下饮黄泉，用心一也。"因为专注，才有所成。清代文学家蒲松龄在路边搭建茅草凉亭，记录过路行人所讲的故事，经过几十年如一日地辛勤收集，加上自己废寝忘食的创作，终于完成了中国古代文学史上划时代的辉煌巨著。

俗话说："精诚所至金石为开。"只要我们做事态度专注，能投入足够的时间和精力，一切难题就能迎刃而解。要做好一件事，要全身心地投入、坚持下去，直到取得成果。

有一次，有位弟子背上生了一个痈疮，佛陀让当时有名的神医为他医治。因需开刀治疗，神医担心弟子承受不了疼痛，迟迟不敢下手。佛陀知道了他心中的忧虑，便慈悲地说：“请尽管放心医治吧！我将为弟子说法，使他转移心思。”

佛陀引导弟子一心专注于说法。

弟子虔心净虑、恭敬谨慎，凝视着佛陀的相好没有丝毫倦意，耳朵谛听着佛陀说法，毫无厌怠之心；一心一意，念念专注，思考佛陀所说的道理，没有丝毫的散乱举止。

在此同时，神医也将弟子背上痈疮中的毒脓清除，并为他敷上膏药。佛陀问弟子：“你刚才是否感觉到背上的疼痛？”弟子回答：“弟子一点也不觉得疼痛。”弟子之所以未觉察到疼痛，都是因为一心念佛的缘故。

《佛遗教经》云：“制心一处，无事不办。”现实生活中，我们往往并不缺乏才气及毅力，而是缺乏持之以恒“专注一个目标”的能力，结果，往往无所建树，最终与成功擦肩而过，少看了许多人生的风景，留下了遗憾。如果我们能在各种各样的事情上多一分专注，多一分坚持，“专注去做事，专注于本职工作”，也许，有一天，你也会一飞冲天，一鸣惊人！

成功学上有个著名的“两万小时理论”，即“经过两万小时锻炼，任何人都能从平凡变成卓越”。可以想象，两万小时的锻炼是多么漫长、枯燥、无趣，甚至绝望。但是，如果以责任、兴趣为动力，把这两万小时分解到活着的每一天，也只要每天半小时、一小时而已。凡人皆能做到，成功并非遥不可及。

顺势而为，找到自己的坐标

人们历来重视理想，拿破仑曾经说过：一个不想当将军的士兵不是一个好士兵。有理想固然是值得夸奖的，但理想必须建立在现实的基础上。一个有理想的蚂蚁，它的理想是把自己变成了最优秀的蚂蚁；一个有理想的狮子，它的理想是把自己变成最优秀的狮子。蚂蚁想变成狮子，那便是好高骛远、痴心妄想了。

有位年轻人凭借自己的专长在一家公司做广告策划。由于他的勤奋，业绩一直不错。第二年，他已从一名普通员工提升为部门经理，让人羡慕不已。

不过他总是觉得这点工资也太少了点。于是他却毅然辞去了这份薪水丰厚的工作，和几个朋友一道创办起了一家小型的广告公司。

每天风里来雨里去，找客户，订合同，忙应酬，整天搞得焦头烂额。然而事情远比他想象的复杂。资金的周转不畅，业务的淡薄，客户的刁蛮，让他筋疲力尽。

终于，公司在经历了一年零八个月后宣告破产，他也彻底一贫如洗。

有一天他去朋友那里玩，发现他的朋友现在做得有声有色。

朋友毫不讳言："第一年开店，我只指望能挣个 1 万元，可经过自己的努力，第一年就挣了 2 万元；于是信心更足。第二年盘下你的店面，我扩大经营，当年净利润 10 万元，又一次超过了我的预计。接下来，在积累经验的基础上，我继续稳扎稳打，改变经营策略，以后每年都是以几倍的利润递增，才有了今天这样的辉煌。"朋友的话让他的心深深地震撼了。

他说："我第一年挣了 5 万元，离我 8 万元的目标相距甚远。于是，我才南下深圳，因为那是个遍地黄金，到处充满机遇的地方。原先的那家公司工资也不薄，可我总是觉得还是自己做老板挣钱快。"

他接着说："想不到做了老板，才发现远非那么回事，才落到今天这地步。我是犯了好高骛远的毛病！"

许多人一提到创业都激情高涨。有个朋友是做快餐生意的，创业初期刚四五个人，问他今年怎么计划的，他说："今年努力做，争取 3 年之内开 20 家分店，保证市中心 1 000 米有自己一家店。"结果半年未到，投入的 20 万元仅还剩 9 万元，草草收场。这时他说："把事想得太美了，以为满大街的钱都是自己的。"其实，是他在未来面前迷茫了，定位出了问题，第一个小店都没经营好，贪大求多，不赔才怪。

创业中期，经营基本走入正轨，有纠纷是小纠纷，有问题也都是小问题，收益也相当可观。现在面临的是管理优化与适当扩张的问题。而不是大规模与对手竞争时期，如果选择与老手去竞争，生存的机会相当小，因为现在收益的积累还不够，如果生硬地从对手里抢客户，价格战很容易拉开，但是会伤元气。

守业时期，已经完成原始积累，定位在大家都有得赚才是王道，不然，逼急了对手，还会伤着自己。

盈则满，花至半开，酒至微醉，是为最佳。做自己无法胜任的事情，无疑是自找苦吃。只有定位合适、该放就放、当止则止，才能在轻松快乐的节奏中，收获属于自己的那份成功。

有的人也确实很有才气，对自己从事的工作也能够胜任，可总以为自己没得到重用，总以为自己的付出与收入不成比例，因此当听说某某到什么单位拿了多少钱和升了什么职时，便也跟着频频跳槽，几年下来工作换了一个又一个，仍然没有找到合适的工作单位，白白浪费了几年光阴。要知道许多资历与经验要在工作的过程中才能积累，需要相对稳定的工作环境，老是这山望着那山高，终难有所收获。

有一个博士生，在国内读博士毕业后，她如愿以偿地拿到了哈佛大学的奖学金去攻读博士后，两年后她又到了牛津大学做访问学者，牛津生涯还没结束她又到了伦敦大学做客座教授。

在常人看来，她已经实现了极大的成功，一定是国内许多用人单位仰慕的人才，可当她回国找工作时，却没有一家合适的单位愿意聘用她，更不用谈什么人才了，原因是她在国外多年中，因频繁更换工作岗位而使自己所从事的研究不成体系，也没有发表什么有价值的论文，而她的许多同学，有的只在国外名气不是很大的学院做研究生，却因成绩卓著而入选了中科院的“百人计划”。

当有人劝你脚踏实地，一步一步来时，你或许对此不屑一顾：燕雀安知鸿鹄之志。你或许以为自己是鸿鹄，是大鹏，一展翅便能冲上云霄；你或许以为自己是盖世奇才，业绩一定远胜李嘉诚、包玉刚，但由于好高骛远，你终将一事无成。好高骛远只能使你眼光空茫、不切实际，不从小处着手、小钱赚起，从而原地踏步，功败垂成；好高骛远只能使你放弃许多现成的成功机会，不愿也不屑做艰难而漫长的原始积累，然而你没有量的积累又哪来质的飞跃？好高骛远只能使你浮躁狂妄、投机取巧，在美梦破灭时折桅返航、怨天尤人，终至一蹶不振。

老子的《道德经》有言：“企者不立，跨者不行。”意思是说跨开大步在走路，只能暂时偶然的动作，却不能永久如此。如果你要故意夸大自己的步伐去行远路，那是自取颠沛之道，不信，且试跨大步走一二十里路看看。如果把最浅近的、基础的都没有做好，偏要向高远的方面去求，不是自找苦吃，就是甘愿自毁。

你只需比昨天的自己更好，

Be your better self

第八章 人人都是被上帝咬过一口的苹果

完整的人生不完美

《淮南子》说："夫待騕袅、飞兔而驾之，则世莫乘车；待西施、毛嫱而为配，则终身不家矣。"意思说的是，如果非要等到騕袅、飞兔这样的良马才来驾车，那世上的人就没车可坐了；如果非要等到西施、毛嫱这样的美女才结婚，那就一辈子别想成家了。事实就是如此，完美的人生是不完整的。

刘朋是一个热爱完美的人。部门领导交给刘朋一项制作方案的任务，并反复叮嘱他要在周四下班之前完成，否则会耽误周五召开的项目会议。

刘朋接到任务之后跟领导详细沟通了项目状况，然后开始思考解决方案。

周四快要下班的时候，领导没有收到刘朋的方案，于是直接催问方案的进展情况。刘朋一边敲键盘一边认真地说："我昨晚弄了一个通宵，但直到现在我对整个方案都不满意，能不能再给我一晚时间？"

领导知道方案进度后本来是气冲冲的，但听到刘朋熬了一宿，也没发火，只是说："这个方案只是明天用来讨论的，后期还会根据客户需求继续完善。现在重要的是有可以供讨论的方案。按照你的能力，只要不刻意糊弄就能达到要求……”

刘朋一边答应着领导的嘱咐一边继续埋头工作，一直到第二天凌晨，才把自己认为很满意的方案发给了领导，总算一块石头落地了。第二天，刘朋强打着精神来到公司，布满血丝的双眼当中掩饰不住疲惫的神情。开项目讨论会的时候，他已经处在半睡半醒的状态了。按照常理，应该是会后由刘朋进一步修改和完善方案，看着连续两天没好好休息的刘朋，想到如果再让他继续接手任务，领导心中是既不放心，也不忍心。

最后，领导只能指派其他人来负责协同客户跟进这个项目，而接下来的项目执行及后面的项目奖金等自然而然也与刘朋没有太大关系了。

无可非议“尽善尽美”是一个褒义词，但是有时候它却会给自己或身边的人带来许多的烦恼，令人感到无比纠结。那些苛求完美的人除了对自己“高标准严要求”外，还会在工作中严格要求同事和下属，在家庭中严格要求爱人和孩子，甚至在朋友开开心心分享一些好消息的时候，不由自主地说出一个“要是再……就更好了”的句子。

虽然他说这样的句子是无意识的，却往往让朋友败兴而归。这样的状态让很多人感到不解：为什么非得这样苛刻呢？其实有些当事人虽然已经意识到这样做有些不太合适，但是在他的内心中有种力量，推动他一定要把事情做得更好，甚至有种声音在告诫自己：“现在根本不够好，你要加倍努力！”事实上，这个声音存在于完美主义者内心，成了他们“要完美”的驱动力——一种形成于小时候并在成长过程中不断得到强化的习惯性行为模式。

对于有这种内在能量的人来说，往往他们关注的并非尽善尽美之后的结果，而仅仅是习惯于让自己处在不断追求完美的过程中罢了。换句话说，一旦结果真的到达了“完美”的状态，他们反倒认为自己已经没有价值了。所以，为了证明自己是有价值的，这些“完美主义者”就不断地给自己一个“并不完美”的证据，然后让自己保持在这个无休止地寻找自我价值的过程当中。

一位先生单身半辈子，快五十岁时。突然结了婚，新娘跟他的年龄差不多，徐娘半老、风韵犹存。只是知道的朋友都窃窃私语：“那女人以前是个演员，嫁了两任丈夫，都离了婚，现在不红了。”

不知道话是不是传到了他耳里。有一天，他跟朋友出去，一边开车、一边笑道:“我这个人，年轻的时候就盼开奔驰车，没钱，买不起；现在呀！还是买不起，买辆三手车。”他开的确实是辆老奔驰，朋友左右看看说:“三手？看来很好哇！马力也足！”“是呀！”他大笑了起来。“旧车有什么不好？就好像我太太，前面嫁个四川人，又嫁个上海人，还在演艺圈二十多年，大大小小的场面见多了。现在老了、收了心，没了以前的娇气、浮华，却做得一手四川菜、上海菜，又懂得布置家。讲句实在话，她真正最完美的时候，反而都被我遇上了。”“你说得真有理！”朋友说：“别人不说，我真看不出来，她竟然是当年的那位明星。”“是啊！”他拍着方向盘:“其实想想我自己，我又完美吗？我还不是千疮百孔，有过许多往事、许多荒唐，正因为我们都走过了这些，所以两个人都成熟，都知道让、知道忍，这不完美，正是一种完美。”

到底什么样的女人是完美的女人，瑞士曾在洛桑举行了一次“最完美女性”的研讨会。与会者就完美女性达成了共识：最完美女性应该具备意大利女人的头发、埃及女人的眼睛、希腊女人的鼻子、美国女人的牙齿、泰国女人的颈项、澳大利女人的胸脯、斯堪的纳维亚女人的大腿、中国女人的脚、奥地利女人的声音、日本女人的笑容、英国女人的皮肤、法国女人的曲线、西班牙女人的步态、德国女人的管家本领、美国女人的时髦装束、法国女人的精湛厨艺、中国女人的醉人温柔。虽然得出了最后结论，可这样完美的女人，世界上根本不存在。

不完美，才符合自然之理。上天不会把所有的圆满都给一个人。很多时候，虽然我们努力做事，积极追求，但结果却往往不尽如人意。凡事尽力就好，至于结果，不必太较真。

不完美，才有前进的动力。在生活中，如果凡事都能尽如己意，心想事成，想做什么就能做成什么的话，生活之路未免太过平坦，人就会失去前进的动力。生活的不确定性及不可预见性，注定了我们时常会处于失败和痛苦之中。向往完美，追求完美，为了完美而不懈努力，这是一种积极的人生态度。

老子说："大成若缺。"世上没有终极的完满，完满只存在于人的想象当中。而不完满则普遍存在，它代表着一种缺憾，一种距离，一种客观事实。有了这种缺憾和距离，我们才会不断追求，不断丰富，不断完满。

随缘不变，不变随缘，莫强求

老子的《道德经》：“祸兮福之所倚，福兮祸之所伏。”意思是在一定的条件下，福就会变成祸，祸也能变成福，强求不得。

佛家多讲随缘，有“随缘不变，不变随缘”“随缘，莫攀缘”等说法。“随缘”不是随便行事、因循苟且，而是随顺当前环境因缘，从善如流；“不变”不是墨守成规、冥顽不化，而是要择善固守。随缘不变，则是不模糊立场，不丧失原则。就在世间上做人，要通情达理、圆融做事，这样才能够达到事理相融。

随缘不变，则是不违背真理。庄子妻死，他知道生死如春夏秋冬四季的变化运行，既不能改变，也不可抗拒，所以他能“顺天安命，鼓盆而歌”；陆贾《新语》云：“不违天时，不夺物性。”明白宇宙人生都是因缘和合，缘聚则成，缘灭则散，才能在迁流变化的无常中，安身立命，随遇而安。生活中，如果能在原则下恪守不变，在小细节处随缘行道，自然能随心自在而不失正道。

孔子的弟子颜回，有次路过布店，看到店主和顾客正在争吵。原因是顾客买布，一尺布3钱，他买了8尺。店主说是三八二十四，但这名顾客偏偏说三八二十三。颜回看不下去了，就说三八二十四。这个顾客很生气，就说关你什么事，偏要你来掺和。颜回就说自己是孔子的学生。顾客就要和颜回打赌，说到底是二十三还是二十四。倘若自己输了，就输掉颈上人头。如果是颜回输了呢？颜回就说输掉自己的帽子。

于是两人来到孔子面前，孔子听完后，就对颜回说："你输了，还是把帽子给人家吧。"颜回很听孔子的话，输掉了帽子，但内心非常委屈，心想孔子是明理的人，怎么会不知道三八二十四的道理呢？到了晚上，他再次求问孔子。孔子就说："是人头重要还是帽子重要？"颜回自然就明白了。

许多的人，成功时很骄傲，失败时很后悔，这都是我们努力前进的绊脚石。

成功就是成功，当然有自己努力的因素在内，但还有赖于天时、地利、人和等社会因素，与自然因素的配合。遭遇失败其情况亦同，往往不是以个人的力量可以决定的事。

这世间，有不少的人常做美梦，憧憬未来，一桩桩不断地计划，一件件不停地构想，最后皆因缺乏毅力、信心，不谙方法，而成海市蜃楼、空花泡影。

同样地，也有许多的人，因对自己、对未来缺少信心而杞人忧天，疑惧未来，徒增困扰。

不论是思前或想后，皆无非是不切实际的虚耗生命。现在，就是现在，应该赶快地努力于现在！

得意时，便生失意之悲。一是天理循环，月圆之后便是月缺，高潮之后便是低谷，这是一个无法逃避的客观规律，春风得意的尽头，便是怅然失意的开始。二是人对自己的处境应有清醒的认识，不可得意忘形，止步不前，而是要看到自身的不足，以图更大的发展。

李闯王带领农民起义军所向披靡，直捣京师，坐上皇帝宝座，是何等的风光！可是被胜利冲昏了头脑，忘记了关外还有虎视眈眈的清军，结果一败不起，只做了 42 天的皇帝，大顺王朝也成了中国历史上最短命的一个王朝。

有个年轻人，非常的能干、聪明，而且积极进取，诚然是大企业家的资质，也着实替他服务过的几家公司赚了很多的钱，因此，他常常心有不甘，终于出来独立创业。

可是，每次总是运作不久就垮台了。几番起伏之后，他认为命运戏弄人，而求教于禅师，看有什么办法。禅师说："所谓命运，即是自己过去带来的善根福德，不能强求，你别看你过去的那几个老板好像傻傻的、无能的样子，但是他们却能用到你这样的聪明人。你做老板时，就用不到像你这样的人，对不对？"

他答："是啊！"可见，成功与失败，是由许多因素配合而成，并不值得骄傲或悔恨。

我们常常劝很多人不必愤世嫉俗，有好就有坏，因为有阴就有阳，不管到什么时候也不可能将所有的阴暗面一扫而光。

《菜根谭》有云：苦心中，常得悦心之趣；得意时，便生失意之悲。当我们身处困境时，要看到未来的希望而不要妄自菲薄，当我们春风得意时，也要看到不远的危险而不要盲目自大。果能如此，那我们的人生之路或许能顺畅许多。

通过现象看本质，透过品悟思人生，很多事情，都要以一种辩证的思想去看待，去解决，去行进。不论是身处逆境也好，还是置身顺境也罢，心中都要明白：安而有危，哀乐相生。

人生的变数很多，我们只能以一种平和的心态去面对，以一份恬适的心境去体会，做到不以物喜，不以己悲，不强求，不苟得。只有这样，我们才能站在一种人生的高度看问题，才能真正地享受生活。

每个人都有大大小小的遗憾

在这纷扰的世界里，每一个人都有大大小小的遗憾。

马云曾说："2001 年，我犯了一个错误，我告诉我的 18 位共同创业同仁，他们只能做小组经理，而所有的副总裁都得从外面聘请。现在 10 年过去了，我从外面聘请的人才都走了，而我之前曾怀疑过其能力的人都成了副总或董事。"

史玉柱曾说："我的时间大部分都投到事业当中去了，妻子离我而去，生活上的遗憾是我最大的遗憾。"

柳传志曾说："我在 1988 年自己带了 30 万港元去办联想，实际上我要对两边的公司负责，这不仅难度大、风险大，而且对 1988—1994 年联想的发展影响也很大。当初，如果我专心、全力抓公司，那会是一个结果，但是不去，可能又会带来别的问题。历史不可假设。"

连大佬们都有遗憾，现实生活中的小人物也有遗憾。朋友的别离，初恋的失意，亲人的隔阂，家庭的不和。可有过遗憾的人，必定是感觉到深切痛苦的人，这样的人也必定真实地生活过，付出过最真的心，用自己的行动演绎过至真至纯的情感，令人心动和感慨。

一个旅人在路旁看到许多盛开的鲜花，他一边走一边采。沿途的花一朵比一朵大，一朵比一朵美，到黄昏的时候，将近旅程的终点，他看到一朵巨大的奇异的花，在暮色中散发着沁人心脾的芬芳。

他喜出望外，抛掉了手中的花，奔跑过去，但他的脚步却因跋涉的疲劳而显得有些沉重。当他终于赶到了那朵花的面前的时候，那朵花已经枯萎了。

于是，有人为旅人感叹，如果他不留恋那些小花而大踏步地一直向前走，就可能得到那朵奇异的花。

其实就算他得到了那朵令他喜出望外的奇异的花，当他回眸时，也会以同样的心情遗憾错过那么多芬芳的无名的小花，也许就在这不起眼的无名小花丛中会有一朵更让他心驰神往，更让他感慨不已，更让他喜极而泣……

人生是一个遗憾的过程，正因为有了无数个遗憾，我们的人生才变得如此精彩如此美丽。稍不经意的一次回眸，满眼往事中最令人难忘和记忆犹新的注定是曾经有过的些许遗憾，就像我们常常忘记了夏日的沐浴，而记住了难挨的燥热。

每一个遗憾留给我们的都是凝重的思索，每一个遗憾留给我们的总是流年的感动。重要的是不要因为一次遗憾，而忘却了我们要风雨兼程的行旅。许多人因为没有得到而抱怨、而放弃、而沉沦，作者会因为没有得到而奋起、而执着而追求。感谢遗憾，就是感谢生命的馈赠；感谢遗憾，前方的路才会走得更坚实；感谢遗憾，未来的日子才不会有太多的遗憾。带着遗憾远行，人生旅途会更加精彩！

不同的时间阶段也有遗憾满满。少年壮志不言愁，但遗憾的是知识不丰，阅历不深；中年年富力强，学有所成，正好干一番事业，但上有老、下有小，社会的重任，家庭的重担，事业的压力，使你心有余而力不足，许多想办的事情办不了，成了终生的遗憾；进入老年，知天命、不逾矩，但夕阳无限好，只是近黄昏，遗憾！

一位美国宾夕法尼亚艺术学院的教授，在不惑之年，竟然尝试去实现童年梦想，他不惜放弃优职高薪，从养狮开始到驯狮、驯虎豹，最终成为美国一代马戏大师。

当他向万千观众致谢时，盈泪的双眼，令他看不清那无数个兴高采烈的欢颜。在舞台探照灯的辉煌照耀下，他的梦想实现了，事业达到了顶峰。

然而，这期间，结婚十几载的妻子因无法理解他的行动，离开了他。生命，最终留下了遗憾。

叔本华说，人们就像那些炼金者，原指望炼出金子，谁知却往往发现了一些更有价值的事物，比如火药、药、化学化合物和一些自然原理。从这个角度去说，当人们感到遗憾时，可能有另一种意想不到的收获出现，芳心虽然憔悴，灵魂却更为坚强。

谁说遗憾不是一种苦难？而在诗人的眼睛里，苦难也是美的。有遗憾，就意味着有惋惜、有追悔，心儿念念不忘的仍是对憧憬的追寻，生活中也才能出现一个个感人至深的故事。一旦哀莫大于心死，伤痕化为云烟，深深的遗憾也不会来光顾心房了。

把花种好，开与不开随天

清代李汝珍《镜花缘》第六回："尽人事以听天命。今仙姑既不能忍，又人事未尽，以致如此，何能言得天命。"

"尽人事以听天命"与"谋事在人、成事在天"基本同为一理。"尽人事"可以理解为，尽一切人力所能为。"听天命"为此事能不能成功就要看上天了，这里的上天是指天时地利，万事存在太多的变化和未知，没有人能把控一切规律，而人只能尽自己能力做好自己力所能及的事。

一个美丽聪明，精诗文，善弹琴的女子。可叹的是十七岁年纪轻轻，便在娘家守寡。某日席间，只因司马相如一曲《凤求凰》，多情而又大胆的表白，让久慕司马相如之才的卓文君一听倾心，一见钟情。可是他们之间的爱恋受到了父亲的强烈阻挠。卓文君凭着自己对爱情的憧憬，对追求幸福的坚定，以及非凡的勇气，毅然在漆黑之夜逃出卓府，与深爱的人私奔。当垆卖酒为生。生活艰难，但两人感情日深。

汉武帝时，司马相如在长安以一篇《上林赋》得宠，封郎官，一时春风得意，意欲纳茂陵女为妾，卓文君无法忍受，写下了这篇流传于世的《白头吟》，并附书：“春华竞芳，五色凌素，琴尚在御，而新声代故！锦水有鸳，汉宫有木，彼物而新，嗟世之人兮，瞀于淫而不悟！”随后再补写两行：“朱弦断，明镜缺，朝露晞，芳时歇，白头吟，伤离别，努力加餐勿念妾，锦水汤汤，与君长诀！”

卓文君哀怨的《白头吟》和凄伤的《诀别书》，使司马相如大为感动，想起往昔恩爱，打消了纳妾的念头，并给卓文君回信：“诵之嘉吟，而回予故步。当不令负丹青感白头也。”此后不久司马相如回归故里，两人安居林泉。

松下幸之助说：“到了今天，我有时也会把这句‘即尽人事而听天命’念给自己听。我现在也常会碰到一些很麻烦的问题，有时难免会感到迷惑、悲观，也会产生‘人世实在没有什么意思’的感觉。这么一来就没有办法专心工作，对自己当然就非常不利。于是，我想到了‘尽人事而听天命’这句话。这是自己认为正确之后才去做的事，以后的成果请他人代为判断。到了今天，我还是有这种想法。”

松下幸之助将“尽人事，听天命”奉为座右铭。人的意志并不能完全主宰事物的形态与发展。因此，树立“自量”意识。遇到困难，实在无能为力时，要学会忍耐。事实上，松下幸之助本人也有迫不及待的时候，然而，在生活和事业的不断磨炼中，他逐渐学会忍耐。松下幸之助一生遭遇太多的艰难困苦，“尽人事，听天命”，这或许是他体味人世间辛酸苦辣之后的经验之谈吧！

“尽人事，听天命”，就是一方面要尽自己最大的努力去争取、去奋斗，另一方面又要安守天命，不强求，不妄为，顺其自然，顺势而为。如果你努力了、拼搏了，但依然屡遭挫折，连栽跟头，未获成功，那就要理智地接受事实，承认现实，即使如何不如意、不得志，也要“安听天命”。

林徽因才貌双全，追求者泛泛自然不在话下。然而近代第一浪漫诗人徐志摩不管不顾，天天登门拜访，赠送情诗，毫无避嫌之意，不免风声四起，讥讽无数。

梁启超无法忍受自己学生如此张扬，写信让他悔改。

徐志摩看后回信一封，文人笔墨，诚恳动人自然不必说，写到最后，动情地说一句：“我将在茫茫人海中，寻找我人生之唯一伴侣。得之，我幸；不得，我命。如此而已。”

当诸葛孔明用计火烧司马懿父子，眼看司马大军就要覆灭，一场大雨忽然下了起来，救了司马父子，也洗刷了中国的历史，天下成了司马父子的江山。诸葛亮一句“谋事在人，成事在天！”的仰天长叹，成了千古遗憾。

生活中我们要“随缘”而不是“攀缘”，事成了，只是淡淡地欣慰，而没有过激的兴奋与成事后的傲慢；事不成，也只有坦然地接受，而没有难堪的懊恼追悔。凡事不强求，尽人事，听天命。凭自己的能力，能做到什么程度就做到什么程度，不在乎得失或别人的看法。

随缘的人不从众，他们独立、自我，不会迎合别人而委屈自己。他们乐观、自信，并且不急功近利。他们思维不偏激，行事不过头，既不致别人于死地，也不对自己苛求。倘若不成功或不尽如人意，那也是问心无愧。人只要心存高远，自然不会怨天尤人。正如庄子所言：“依天从命，因顺自然。”

请包容不完美的生活

在生活中有很多不完美的事或人，如果我们一味追求完美，就会对生活失望、不满，就会生出烦恼。我们对生活过分地奢求就是难为自己，就会丧失我们应有的快乐。我们只有以包容的心态对待生活，才能让我们的人生更坦然舒心。

法国诗人博纳富瓦说得很好，生活中无完美，也不需要完美。在生活中，从来就没有完美的人，也没有完美的事物。刻意地追求完美，只能使自己失望或尴尬。

古时候有一个贫穷的渔夫，有一天，他出海打鱼，在海上辛苦劳作很久，一条鱼也没有打到。正当他灰心丧气的时候，发现在渔网上有个东西在闪闪发光，取下一看，竟是一颗晶莹剔透的珍珠。虽然没有打到鱼，但是得到一颗珍珠也是让人高兴的一件事情。

渔夫抚摸着珍珠，仔细欣赏起来，这是一颗看上去就价值不菲的珍珠。渔夫看着看着，突然发现珍珠上有一处小小的疵点，影响了珍珠的美观。他想兴许还会影响它的价值。于是渔夫就想，假如能够剥去一层皮，疵点也许就没有了。

渔夫试着真的剥去一层，疵点就浅了很多；又剥去一层，疵点又浅了许多；再剥去一层，再剥一层，渔夫就这样一层层地剥去。结果，疵点没有了，珍珠也消失了。

这个故事提醒我们，在生活中，我们做一些事情的时候，不要刻意去追求完美。因为，做事情很难做到尽善尽美，适可而止、见好就收是最好的；不求人人满意，但求无愧于心。追求完美的人，往往误入迷途和身心受累；在追求完美的过程中，往往让人的身心受到煎熬，或者劳而无功和画虎不成反类其犬——非但没把事情办好，反而越弄越糟糕。

有些人总是看到自己的失意，总是抱怨“心比天高，命比纸薄”，却从没想过，生活从来就没有完美。拥有一个包容的心态接受生活中不完美，可能生活会变得更加幸福美满。

张强的烟瘾很大，几乎烟不离手。有一次，几个朋友一起去他家看球。男人看球，总离不开香烟。直到球赛结束，才发现不知不觉中，他们已经抽了三盒烟。张强的妻子也一直在旁边陪着他们。

但是，她竟然什么也没说。只是在他们不注意的时候，打开窗子，让新鲜的空气进来。张强的朋友觉得很奇怪，就问张强的妻子：“你怎么就不管管他和我们这么抽烟？”张强的妻子微微一笑，说：“我也知道抽烟有害身体健康，但是，如果抽烟能让他快乐，我为什么要阻止？我情愿让我的丈夫能快快乐乐地活到60岁，而不愿意他勉勉强强地活到80岁。毕竟，一个人的快乐不是任何时候或者金钱可以换来的。”

后来，张强把烟戒了，朋友问他为什么？他憨笑着说：“她能为我的快乐着想，我也不能让自己提前20年离开她呀。”

有位哲人说，完美就像数学中的一条渐近线，无限靠近却永远不能相达。就好像你拥有蓝天的深邃，就难以拥有白云的飘逸；你拥有大海的浩瀚，就难以拥有小溪的幽雅；你拥有原野的壮阔，就难以拥有山峦的峥嵘。

生活本身就是不完美的，过分追求虚幻的完美，也许会造成更大的缺憾。马蒂尔德为了追求生活上的完美，最终付出了十年的艰辛；葛朗台为了追求物质上的完美，最终失去了宝贵的亲情；克莱利为了追求名誉上的完美，最终带着一个音符的时值离世而去。

世界上没有完美无缺的事物，只有完美与缺憾共存的事物。古罗马的雕塑维纳斯，是人们公认的美的化身，而她却是断臂的女神，也许这能够称作她的缺憾。但是，如果有人想尝试着弥补这个缺憾时，那么维纳斯却失去了原有的风采和魅力。这个纯正的完美却比不上带有缺憾的完美，这个巨大的差距就是建立在这个微妙的变化上的。只有保留了这个小小的缺憾，完美才能体现其真正的价值。

画家凡高说：“没有一种蓝色不含有黄色和橙色。”正如他所言，即使蓝天大海也不是“纯蓝”的。不过，正因为有了那一点杂质，才成就了它们的美丽与壮阔。

在生活中有很多的不完美的事或人，上帝对待每一个人都是公平的，比如贝多芬的音乐造诣和天赋无人能及，但在他 50 岁的时候，两耳就完全失聪。人生有太多的不完美，每个人都会有这样或那样的遗憾。

由此看来，所谓完美的人生，不过是人们本善的初衷和美好的愿望。即便当初你以为完美了，但随着时光的流逝和审美标准的变化，最终感觉到的是其中留下的或多或少的缺憾。我们所要做的就是要接受不完美，包容不完美，并学会忍受生活带给我们的不完美。

不要对自己太苛刻

“谋事在人，成事在天，”努力过即可，结果是怎样都要去接受，不要去抗拒，也不要去执着不放手。我们都只是一个普通的凡人，为什么一定要强求呢？对自己太苛刻，最后就算事业再成功，失去快乐和健康，一切都将变得得不偿失。

有一天，小和尚、大和尚、方丈午后三人在一起聊天，方丈说了一个很短的小故事：

房间内放着一个桌子，桌子上面放着一个精美的木雕。

桌子向木雕抱怨道：我总是要承受人们的重压，而他们都对你那么珍爱！

木雕淡淡地说：为了成就这一身美丽，你可知道我挨过多少刀吗？

桌子继续道：如果能得到你这样的待遇，我挨多少刀都乐意！

木雕沉默不语。因为它知道那种经历过那么多刀刻画的永远无法忘记的痛苦。

而在阳台那里，有一棵花木，听到它们的对话后，喃喃自语地感叹道：

好好做一棵树多好！我们本是一棵树嘛！

说完，方丈就看着小和尚和大和尚。

大和尚最先开口说道："师父，这个故事是否要告诉我们，我们本来就是普普通通的一个人，其实是被妄心欲望覆盖无名，而执着烦恼呢？"

方丈微笑着点头。而后，大和尚推推小和尚，暗示他也说点儿感受。

小和尚说："师父，我觉得这个故事告诉我们，要好好做一棵树，不要对自己太苛刻。"

方丈听后也微笑点头。最后大家都困惑了，究竟谁对谁错呢？

最后方丈说道：桌子没错，雕像也没错，花更没错；大和尚没错，小和尚也没错，是老衲错了，是缘错了！

方丈的意思，大家都没错，每个人都有自己的缘，是怎样就接受怎样，不要去抗拒，也不要去执着不放手。只要本心求放下，自然就慢慢可以放下。如果妄心执着，那么每个人就会苛刻自己了。

有这么一个故事：一个中国的老人和一个外国的老人在天堂一起感叹，中国的老人说自己总算是把买房子的钱攒够了，而外国的老人说自己总算把自己的房贷还完了！两个人都是为了买房而付出了一辈子的心血，而中国的老人却不能享受几天自己买来的房子，外国的老人已经在房子里住了一辈子了！

善待亲人，善待朋友，善待他人，也是讲求一个缘分。如果自己已经做得很好了，还是不能得到别人的理解，别人的真诚，别人的爱心，那就勇敢放弃这样的朋友，古语曰："道不同不相为谋，"话不投机半句多，将心比心，既然不能互相掏心，就不要委曲求全，苛刻自己。

苛刻别人也就是苛刻自己。对别人要求别太高，宽容他人，包容他人，就是别堕落，别自暴自弃。不要什么事都无所谓，事不关己，高高挂起；不要对什么人都虚怀若谷，以德报怨。如果真这样做了，那是一种漠然。

生活本来就是一种物质和精神的享受，而当我们对自己太苛刻的时候，我们再也不愿意去为自己多买一点点的生活所需了，有时候甚至在过节的时候也不愿为自己的亲人或是朋友献上自己的小心意了，就这样我们不但在物质上苛刻了自己，也在感情上苛刻了自己！

地球上住着六十多亿人，众生如恒河沙一样多。我们就像故事开头的那个桌子一样，总想着要成就一番事业，然后让自己忙忙碌碌。为了成就自己，不惜以身挨刀，然后经历许许多多的痛苦。富贵名利就这样牵着我们的心，让我们盲目地为之付出。最后忽然发现，父母已经老去，朋友已经远去，身体变得容易患各种疾病，我们才恍然大悟地后悔莫及。

允许别人比自己优秀

古人云："山外青山楼外楼，人外有人天外有天。"无论一个人的起点多高，也不可能总比别人优秀。"泰山不让土壤，故能成其大；河海不择细流，故能就其深。"说的正是当我们不如别人优秀的时候，我们要能容得下别人比自己优秀，向比自己优秀的人学习，"三人行，必有我师。"

李丽在一家网络公司实习。每周都召开一次头脑风暴会议，无论是谁有什么好的想法都可以提出来。李丽每次都会参加，可是李丽却很少有好的创意提出来，毕竟对于网络这方面李丽还是一个新手，可是听的时间长了，李丽发现了一个问题，虽然每次头脑风暴会议都很热烈，大家都抢先发言，可是大家都是各说各的想法，很少去听对方的想法。

李丽发现这一点后，觉得这样做很可惜，不但浪费了时间，而且又没有什么结果，可是能有什么办法避免这种状况呢?

第二天，当公司召开头脑风暴会议的时候，李丽试着把同事的想法记了下来，晚上的时候，李丽整理这些同事的想法发现其实有很多同事的想法很不错，可是就是因为没有听清楚别的同事怎么说，所以才会坚持一些错误的观点。而李丽经过自己的对比分析，也得出了自己的观点。

就这样，李丽每次都坚持记录同事们的想法，然后进行整理分析。有一次，公司老总让李丽也谈了自己的想法。

老总很奇怪，这样一个刚来实习的大专生怎么可能会有这样精彩的观点，而且几乎每一条都适合公司，这怎么可能？

散会后，老总把李丽叫到了办公室，李丽把经过给老总说了。

第二天，公司召开头脑风暴会议的时候，老总宣布李丽提前结束实习，转为正式员工。最后，老总说道："如果我没有别人优秀，那么我就为别人鼓掌。有这样胸怀的人才能做大事，虽然李丽只是一个大专生，但是却有着我们所不及的胸怀，这是李丽留下的原因，也是值得我们学习的地方。"

骏马虽千里，耕田不如牛；耕牛虽勤奋，看家不如狗。一个人只要用一种健康的心态来看待别人，就会发现，周围的人都有值得学习和借鉴的长处。因此，我们要乐意把掌声送给别人，允许别人比自己优秀。

允许别人比自己优秀，不是刻意抬高别人、贬低自己，更不是吹牛拍马、阿谀奉承，而是恰到好处地对别人进行肯定。要做到这一点，最重要的是要有正常的心态，否则就不能正确看待别人的成绩。发现新大陆的航海家哥伦布回国后，就受到一伙人的公然挑衅：只要条件允许，任何人去航海、去寻找，最终都能找到新大陆。这些挑衅者自己不能成功，还不能容忍别人成功。

如果不能及时调整心态，这种小肚鸡肠很可能会发展到害人害己的地步。周瑜虽年轻挂帅，意气风发，却因诸葛亮的精彩表现而自惭，责怪上天"既生瑜何生亮"，终因气量狭小而自夭；庞涓贵为魏国大元帅，屡立奇功，却因妒孙膑之才，设下阴谋诡计以膑刑加害于他。孙膑任齐国军师后，所向无敌的庞涓终于落得个兵败身亡的下场。

王先生是一个不苟言笑的人。平常很吝啬给人赞美或掌声，只要有人比自己优秀就心里不舒服。

有一天他在家里吃饭。他发现有一道烤鸭，但鸭子只有一条腿。

于是他问他太太：

“为什么这只鸭子只有一条腿？”

他太太说：“有什么好奇怪的，我们家的鸭子都只有一条腿呀？”

“我不信，所有鸭子都有两条腿，为什么只有我们家的鸭子比较特别？”

“不信，你不会自己到池塘去看。”于是王先生跑到池塘去看他的鸭子。

由于鸭子正好在睡午觉，因此都缩着一条腿，只用一条腿站立。

因此看过去，好像所有的鸭子都只有一条腿。

王先生灵机一动，朝鸭子栖息的方向很用力地鼓掌。

鼓掌的声音把鸭子都惊醒了，纷纷把缩着的那只脚放了下来。

“你看吧，他们不是又恢复两条腿了吗。”王先生很得意地告诉他太太。

“就是啊，如果你想吃有两条腿的烤鸭，也请来点掌声吧！”太太回答。

允许别人比自己优秀，为自己鼓掌，是自己不够自信，给自己鼓掌，给自己信心。当别人不够自信，不够好时，我们也要为别人鼓掌，当别人做得比我们好时，我们更要为别人鼓掌，因为那是我们学习的榜样！为别人鼓掌，也是在给自己的生命加油。在我们的成长时期，成功人士的经历往往是我们前进的动力，他们的成功会正确指引我们，在无形之中帮助我们。当我们走向成功时，更要学会为别人鼓掌；为别人鼓掌，也会获得别人的喝彩。

西班牙学者巴尔塔沙葛拉西安在《智慧书》中写道："一个人总能在某一处胜过别人，而在这一处上又总会有更强的人胜过他。学会欣赏每个人会让你受益无穷。智者尊重每个人，因为他知道各有其长，也明白成事不易。"

允许别人比自己优秀，为他人鼓掌体现了一种智慧——你在欣赏他人的时候也在不断地提升和完善自己的人格；为他人鼓掌体现了一种美德——你付出的赞美，非但不会诋毁你的体面与尊严，相反还会在不经意间收获友谊与合作；为他人鼓掌体现了一种修养——赏识他人的过程本身就矫正着你的狭隘、克服着你的自私。因而为他人鼓掌的过程，就是一种培养和张扬大家风范的过程。

接纳不完美的自己

有一个老师开导一位盲人学生说："世上每个人都是上帝咬过的苹果，都是有缺陷的人。有的人缺陷比较大，是因为上帝特别喜爱他的芬芳。"这位盲人大受鼓舞，振作起来，向命运挑战，后来成了一名优秀的盲人推拿师。

每个人都是不完美的，每个人身上都有自己不愿意触碰和面对的地方。如果我们能把缺憾看成是"被上帝咬过一口的苹果"，那么我们就不会自暴自弃，才能真心拥抱生命，活出完美的自己。

约翰·库缇斯，世界上最著名的激励大师。他天生严重残疾，但他以拒绝死亡来挑战医学观念。他没有腿，也不依靠轮椅生活，却形成了世界级的自尊、自信和自立。

1969 年，约翰·库缇斯出生，可是他只有可口可乐罐子那么大，腿是畸形的。躺在观察室里面奄奄一息。医生告诉约翰父亲，他几乎不可能活过 24 小时。但是，他却活了下来。

自从他上学后，一直受到同学的欺侮，他也曾想过自杀。这时他的母亲救了他，他母亲对他说："约翰，你永远是我们生命中最美好的孩子！"在母亲的劝解下，约翰放弃了自杀。现在回忆起来，约翰幽默地说，"至少，那时我闭着眼睛也能很快安装好被撤散的轮椅。"

一次偶然的公开演讲，给约翰带来了全新的人生。到现在为止，约翰在 190 多个国家，做了 800 多场演讲，他用自己的亲身经历，激励和影响了 200 多万人。

他去过 190 多个国家，接受过南非总统曼德拉的接见。他的演讲雄伟壮丽，震撼人心，每到一处都掀起泪海与热潮。

肢体上的残缺，并不妨碍一个人拥有高贵的人格、高尚的情怀和高贵的心灵。身体上有残障的人，内心也可以强大和充实，精神世界也可以丰富多彩，物质生活也可以不断改善，人生道路也可以越来越宽广。

有一位腿有残疾的私营企业主，经过自己十几年的奋斗拼搏，终于成了遐迩闻名的雕刻家和经营雕刻精品的大老板。有人对他说："你如果不是有残疾，恐怕会更有成就。"他却淡然一笑说："你说得也许有道理，但我并不感到遗憾。因为如果没患有小儿麻痹症，我肯定早下地当了农民，哪有时间坚持学习，掌握一技之长？我应该感谢上帝给了我一个残缺的身体。"

在生活中，我们切不可过于追求完美。刻意的追求完美，有时候难免适得其反。在现实生活中，几乎所有的人和事物都不是完美的——即便在你眼中再完美的事物，也会存在着你未曾发现或难以捕捉到的瑕疵。

著名导演冯小刚在女儿 18 岁的成人礼上讲了这样一段话：亲爱的女儿，现在你要开始接触到真正的人生了，生活有时候并不像你想象的那么公平，世界上没有完美的事物，要学着面对一切真实，接受一些不完美。

没有谁能够真正达到完美，因为这世界上根本就不存在完美，只有学会接纳不完美的自己，才能真正地走向成熟。否则，一味地追求完美，人生便会出现偏差，走向极端，造成不好的后果。

有一位私营企业的女老板，渴望自己的独生儿子成为一个“完美”的孩子。为此，她常常对儿子说：要身怀大志，处处做强者。进最好的学校，学多科的知识，争一流的成绩。

女老板对儿子从小到大一直如此灌输这样的思想，效果也很明显。她儿子也是非常听话，小学至初中，综合成绩都是前一、二名。可谓品学兼优。然而，进入高中之后，在强手如林的情势下，儿子便显得不那么出类拔萃了，综合成绩总在 10 名前后徘徊。

对这件事，女老板感到了事情的“不完美”。她认真帮儿子汲取教训，并且一次次地叮咛：“非争一、二不可……”可是，儿子不管如何努力，进步却不大。这样，转眼几年过去了，儿子 17 岁了，到了考大学的时候。

有一天，学校突然给女老板打来电话说：她儿子不幸自缢身亡！女老板懵了……后来，她发现了儿子的遗书：“……真没用，争一、二不成，升名校无望，谈何‘完美’……愧对母爱，无颜见人……”看着遗书，女老板追悔不已：“是我逼死了儿子呀……”

在生活中，我们每个人都可以说是不完美的，有缺陷的。但是这并没有什么，然而，可怕的是看不到自己的价值，我们要接纳不完美的自己，不要只看到自己的缺点而看不到自己的长处。也许正是因为我们的某些不完美，反而会成就一种更美丽的风景。

法国大思想家卢梭说得好：“大自然塑造了我，然后把模子打碎了。”许多人不肯接受这个已经失去模子的自我，于是就用自以为完美的标准，把自我重新塑造一遍，结果却失去了自我。这也是很多人烦恼的根源，在生活中，我们要学会接纳不完美的自己，并对自己说："无论我有什么缺陷，我都无条件接受，并尽可能喜欢我自己的模样。"

不苛求，世上没有完美伴侣

有的人在寻找伴侣时，总想找一个完美的他（她），要知道我们每个人都不是完美的人，真正完美的人是不存在的。执着地去追求完美，结果随着岁月的流逝，依然两手空空。

俗话说："金无足赤，人无完人。"一个只用自己的标准去要求别人的人，即使自身条件再好，也会变成孤家寡人。有一个老人，活到 70 岁的时候仍然孤身一人。因为他一直在寻找一个在他看来十分完美的女人。当有人问他："你活了几十年，走了那么多地方，始终在寻找，难道你没能找到一个完美的女人吗？"老人说："是的，有一次我碰到了一个完美的女人。"那人又问："那么为什么你们不结婚呢？"老人伤心地说："没办法，她也正在寻找一个完美的男人。"

任何一个人，无论男人还是女人，都会有缺点。所以说，世上是没有所谓的完美伴侣。俗话说：甘蔗没有两头甜。那些追求完美生活的人们，其实就是希望吃到两头甜的甘蔗。面对那些不现实的希望，还不如现实一些。

有这样一个故事：有个叫伊凡的青年，读了契诃夫“要是已经活过来的那段人生，只是个草稿，有一次誊写，该有多好”这段话，十分向往，于是，他请求上帝，希望上帝把他的生活作为草稿。

在伊凡的请求面前，上帝没有说话，最后，上帝看在契诃夫的名望和伊凡的执着的份儿上，决定让伊凡在寻找伴侣一事上试一试。到了结婚年龄，伊凡遇到了一位绝顶漂亮的姑娘，姑娘也倾心于他。伊凡感到很满意，认为找到了他的完美伴侣，很快结成夫妻。婚后不久，伊凡发觉姑娘虽然很漂亮，可她不会说话，办起事来也笨手笨脚，两人心灵无法沟通。于是，他第一次把这段婚姻作为草稿抹了。

伊凡对第二次婚姻比较慎重，他要求要找的对象，除了绝顶漂亮以外，还要绝顶能干和绝顶聪明。不久他又遇到了第二个对象，可是，也没过多久，伊凡发现这个女人脾气很坏，个性极强。聪明成了她讽刺伊凡的本钱，能干成了她捉弄伊凡的手段。在一起时他不像她的丈夫，倒像她的牛马、她的器具。伊凡无法忍受这种折磨，他祈求上帝，既然人生允许有草稿，请准三稿。上帝笑了笑，也允了。

伊凡第三次成婚时，他在妻子的优点上，又加上了脾气特好这一条，婚后两人恩爱有加，都很满意。半年下来，不料娇妻患上重病，卧床不起，一张病态黄脸很快抹去了年轻和漂亮，能干如水中之月，聪明也毫无用处，只剩下毫无魅力可言的好脾气。

对完美的超级渴望，让我们失去了接受不完美的能力，这实在是对完美的毒害。有些人总是在追求完美，好像很难知足，总是渴望毫无瑕疵的生活，为了所谓心中的完美，结果一直找不到满意的对象。

在一档相亲节目中，有一个漂亮的姑娘公开了自己的择偶要求：他要身高 180cm 以上；他要帅气得好似翻版吴彦祖、金城武；他要月入 3 万元；他要有责任感、幽默感；他的学历不能低于硕士；他要声音有磁性，不能有地方口音；他不能抽烟、喝酒，不能手机经常关机，不能有异性好友；要随叫随到，要温柔体贴，要会说甜言蜜语，生气了要会哄她，在家里要绝对服从她，她说一他就不能说二，如果她是女王，他就得是仆人……

在场的情感心理专家看了她的择偶标准感叹说："这哪里是在找男友，这完全是在找太阳神阿波罗，在找玉皇大帝嘛！"而这位姑娘说："谁说没有这种男人，言情小说、韩国偶像剧里一大把，凭什么那些电视剧里的女主角可以拥有，我不行？如果找不到，我宁可不嫁！"

有句话说："只有不完美的人才是完美的人的最完美的伴侣。"承认不完美，然后与不完美的爱人真心相爱，直到年华老去仍不离不弃。换句话说，世界上本没有完美，真正的完美是对不完美的爱。

有一则公益广告，主角是一位印度裔太太，内容是悼念她刚死去的华裔老公。在这则公益广告上，这位印度裔太太说：

"今天我不打算在这里赞美我的丈夫，更不打算说他的任何优点，这些大家都听得多了。我想跟大家分享一些也许会令你们感到……不自在的事。就从他在床上的表现说起吧。你试过在早上开动汽车引擎吗？喏，大卫的打鼾声就那样。不过，这只是前奏。紧接着，他就会创造连绵不断的后部排气音效。有时大声得连他自己也会从梦中惊醒，还问：'什么声音那么吵？'我总是说：'是狗在吠，没事，睡吧！''感觉很好笑，对吧？'当他病情开始恶化时，这些声音却成了对我的一种安慰，提醒着我，我的大卫还活着。如今我再也没有这熟悉的声音伴随入梦了。人生就是这样，携手一生，记忆最深的却是点点滴滴的不完美，凝聚成我们心中的完美。

我衷心盼望，亲爱的孩子也能在漫长的人生道路上，找到一位像他们父亲一样不完美的完美伴侣。”

这位太太的话语情深意切，真诚流露，让所有观看的人动容，而广告的主题竟然是不完美的完美伴侣！

有太多的人总想找完美的伴侣，男人要找的女朋友，要求既性感又贤惠，既温柔又漂亮，上得了厅堂下得了厨房；而女人想找的男人则既英俊又有钱，既豪迈又贴心，既潇洒又风趣，等等。总之，都是在找自己梦想中最完美的人。

完美是永远不存在的，就这一点来说，非完美要比完美实际。追求完美是好事，但过分追求完美就是一件苦事，甚至会成为一件坏事。因为完美主义意味着不切实际，意味着挑剔不满、求全责备和心灵洁癖。美国著名心理学家克里斯托弗·孟有句名言：“过分期望就是愤恨的前身。”对完美主义者来说，他们就是在对他人的完美期待中不断地收获失望和愤恨。

你只需比昨天的自己更好

Be your better self

第九章

第一个纽扣扣错也不要紧

你参加的是马拉松而不是百米短跑

每个人生命的起点不一样，这是无法选择的；但人生怎么过，人生的终点在哪，却要靠自己去走。这就像跑马拉松，开始领先或落后 50 米，根本不重要，重要的是坚持地跑下去。

一名德国人，自小爱好上演员这个职业。20 岁那年，由于天生丽质加出色的演技，她被当时的纳粹头目相中，“钦点”成战斗专用宣扬工具。几年之后，德国战败，她因此受到连累，被判进监狱四年。刑满开释之后，她想重回自己爱好和熟习的演艺圈。然而，尽管她才华横溢、演技出众，由于历史上的污点，主流电影媒介处处对她敬而远之。

一晃十几年过去了，她的身份仍然走不出刑满开释囚犯的影子，没人敢起用她，没人敢收留她，甚至没人敢娶她。

她的 50 岁诞辰就这样悄然而凄然地来到了。那一天，她大醉了一场，醒来之后，忽然做出了一个谁也想不到的决议：只身深入非洲原始部落，采写、拍摄独家消息。这之后的两年，她战胜重重艰苦，拍摄了大批非洲努巴人生涯的影集，这些照片，一举奠定了她在国内摄影界的位置。

她的斗争精力和波折阅历深深吸引了一位30岁的小伙子，他和她是同行。共同的兴趣和爱好让他们超出了年纪隔阂，抛开外界舆论走到了一起，书写了一段浪漫而美好的爱情。

为了使自己的拍摄才干与神秘的海底世界融为一体，在68岁那年，她开始学潜水。随后，她的作品集中增加了瑰丽多彩的海洋记载，这段海底拍摄生活一直延长到她百岁高龄。最后，她以一部长45分钟的优美短片《水底世界》写下了纪录电影的一个里程碑，也为自己的艺术生命，画上了一个美满的句号。

这就是被美国《时代周刊》评为20世纪最有影响力的100位艺术家中唯一的女性。她的名字叫莱妮丽·劳斯塔尔。她以前半生失足、后半生瑰丽的传奇阅历告知人们：胜利没有时间表。只要时刻坚持理想的雄心，性命的硕果就会永远如影相随。

电影《肖申克的救赎》中，为了修缮监狱的图书馆，主人公安迪可以用6年的时间坚持每周给州政府写信——许多人认为是徒劳的信；为了重获新生，安迪可以用近20年的时间挖一条可能逃不出去的地道。最终他成功了。

电影《孔雀》里面的女主角张静初。张静初本是个默默无闻的女孩，因为《孔雀》获得柏林电影节银熊奖，一举成名。对于有人将她捧为“继章子怡之后中国影坛又一个幸运儿”，张静初听了淡淡地一笑说：“有些人是以长跑的姿态进入跑道的，有些人则以短跑的姿态进入跑道，暂时落后了你不能急躁，必须明白自己是跑长跑的，耐力和定力最重要。人生是一场马拉松，赢到最后才叫作赢。”

有这样一个人，他5岁时就失去了父亲。14岁时从格林伍得学校逃学开始了流浪生涯。16 岁时他谎报年龄参了军，但是也不顺心。一年服役期满后，他去了亚拉巴马州，在那里他开了个铁匠铺，但不久就倒闭了。

他在 18 岁时结了婚，仅仅过了几个月的时间，在得知太太怀孕的同一天，他又被解雇了。

接下来，当他在外面忙着找工作时，太太卖掉了他们所有财产，逃回娘家。

随后大萧条开始了。他没有因为总是失败而放弃，别人也是这么说的，他确实非常努力。

他曾通过函授学习法律，但后来因生计所迫，不得不放弃。他卖过保险，也卖过轮胎。他经营过一条渡船，也开过一家加油站。但这些都失败了。

有人对他说：“认命吧，你永远也成功不了。”

后来他成了考宾一家餐馆的主厨。要不是那条新的公路刚好穿过那家餐馆，他会在那里取得一些成就。接着到了他退休年龄。他并不是第一个，也不会是最后一个到了晚年还无以为荣的人。

时光飞逝，眼看一辈子都过去了，而他却一无所有。要不是有一天邮递员给他送来了他的第一份社会保险支票，他还不会意识到自己已经老了。那天，他身上的什么东西愤怒了，觉醒了，爆发了。邮递员很同情地对他说：“轮到你击球时你都没打中，不用再打，该是放弃、退休的时候了。”他们寄给他一张退休金支票。说他老了。他说：“呸。”

他收下了那 105 美元的支票，并用它开创了新的事业。

而今，他事业欣欣向荣。而他，也终于在 88 岁高龄时大获成功。这个到该结束时才开始的人就是哈伦德·山德士，肯德基的创始人。他用他的第一笔社会保险金创办的崭新事业正是肯德基。

一场马拉松要始终坚持下去，不能因体力不支而放弃比赛；人的一生要永远拼搏下去，也不能因受到挫折而一蹶不振。也许一开始起跑线会有所差异，但只要通过后期不懈的努力，也可以超越别人成为人生舞台上的强者。

如果一开始就拼尽全力，虽然可能领先一段路程，但是最终要被后来者超越，甚至无法完成比赛。反之，如果一开始就落后，也不应该放弃，不能自暴自弃，只要保持信心，保持自己的节奏，总有机会能够超越别人，取得理想的成绩。

也许今天落后别人 50 米、100 米甚至 300 米、1 000 米，这都没关系，只要在不断地往前跑，终有一天，你会超过对手；即使你最终没有超过对手，你也会超越自己。

接受的力量：坦然接受不优秀的自己

心理学家告诉我们：要幸福，就要学会自我接纳。不因自身的优点而骄傲，也不因自己的缺点而自卑，坦然接受现实中的自己。心理学研究表明：如果一个人能够接受自己，就说明他没有明显的自卑心理，能够比较客观地认识自己，心理上比较平衡。

一个农夫有两个水桶，分别吊在扁担的两头，其中一个桶子有裂缝，另一个则完好无缺。每次长途挑运之后，完好无缺的桶，总是能将满满一桶水装回农夫家中。而有裂缝的桶到达农夫家时，却只能剩下半桶水。

农夫每天就这样挑一桶半的水回家。好桶为自己能够装整桶水而感到自豪，破桶则对自己的缺陷而感到惭愧。

有一天，破桶忍不住在小溪旁对农夫说："我必须向你道歉，因为水一直从我这边漏出，我只能装半桶水回家。我的缺陷，使你花了全部的力气，却得不到全部的成果。"

农夫对破桶说："今天我们回家的路上，你可以留意一下路旁。"

于是，破桶在回家的路上认真地留意路旁。它看见路旁开满了五颜六色的花朵。

农夫对破桶说道："我明白你的缺陷，因此善加利用，在你那边的路旁播撒了花种。每次我从溪边挑水回来，你就替我一路浇了花！这些美丽的花装点了我的餐桌。要不是你，我也不会拥有这么美的花了。"

是啊，每个人可以说都是一个有裂缝的桶，不完美，有缺陷。但这并不可怕，可怕的是看不到自己的价值，从而破罐子破摔。只要我们扬长避短，人生照样可以开出美丽的花朵。天生我材必有用，不要只看到自己的缺点而看不到自己的长处。无心插柳柳成荫，也许正是因为我们的某些错误和缺点，反而会成就一种更美丽的风景。

每个人，都有自己的特点。有些特点人们乐于接受，有些特点人们不愿接受。比如，高挑的身材、优异的成绩、开朗的性格、愉快的心情，这些都是人们乐于接受的；而对于自身的消极方面，如平凡的相貌、贫穷的家庭、孤僻的性格，则几乎没有人愿意接受。

不论自认为有多少缺点和不足，做了多少傻事、坏事或蠢事，从现在起，都停止对自己的挑剔和责备，要学习为自己辩护，维护生命的尊严和价值。如果一个人能够正视并且接纳自己的弱点，那就意味着他不但正确地认识到了自身的局限性，而且也停止对自己的不满和批判。

我们每个人都或多或少有负面情绪，如嫉妒、恐惧、紧张、生气、愤怒……如果我们产生了负面情绪，不要去压抑、否认或掩饰它，更不要责备自己，苛求自己。要先坦然地承认并且接纳它，不论它是沮丧、愤怒、焦虑还是敌意。基本的人类情绪，如恐惧、愤怒、悲痛等，自有它们的存在价值：它们保护我们，提醒我们对现状要有所警觉。恐惧驱使我们对潜在的危险格外小心谨慎，愤怒激起我们的勇气，悲痛促使我们反思生命的意义，它们是促使我们改变现状的先决条件。

上大学时，在一次老乡联谊会上，一个叫柚的女生，穿着得体，特别是她细长脖颈上系着的一袭紫色纱巾，随着她优美的舞姿飘扬着，更为她添加几许妩媚。

一时之间，她成为舞会中最受瞩目的焦点。

后来得知，她并不是我们想象中的那样“完美”，特别是她的脖子上，有一块很大的紫红胎记，为了弥补，无论春夏秋冬，总是系着不同款式的紫纱巾。

令大家惊讶的是，在谈到“胎记”时，她十分自然，还讲起小时候的一件事。

她说：“从我记事起，妈妈就告诉我，我长得很漂亮，但是不完美，尤其是脖子上的胎记。不过，既然胎记已经存在，就要坦然接受。”

她记住了妈妈的话，当有人用好奇的目光望着她的脖子时，她就高高地扬起头，有熟识的人问起，她就如实回答。

可她一直不知道如何去弥补。

长大后，一位从事摄影的朋友在得知她的情况后，对她说：“我们在坦然接受自己的不完美时，要适当地做些掩饰。你的脖子长、皮肤白，如果系上紫色的纱巾，就把缺点变成了美。”

她点头认同，朋友又说：“人人都喜欢美，人人都不完美，要想尽一切办法，让自己美好的形象出现在人前，既善待了自己，又尊重了别人。”

她说：“朋友的话对我触动很大，我们可以不在乎别人的眼光、指责，但要想办法，改变自己的不美。美好的事物，悦人悦己。”

看到这里，你是不是觉得她很聪明。

在我们学会接纳自己之前，我们的注意力在别人身上，努力把对方改造成自己想象的样子；在我们接纳自己以后，我们就会把注意力转移到自己身上，我们知道所有的问题都在我们自己身上，我们开始努力地改变自己，并接纳在成长中所有反复的行为和情绪，这都是必须经历的，这些都是我们成长的过程。

只有接纳了自己，才会真正地接纳自己的父母，只有真正接纳了自己的父母，才会真正接纳自己的爱人和孩子。爱他如所是，而非如你所想。接纳自己，就要承认“我就是这样的一个人，我接受这样的自己，不带批判，没有是非对错”。

我们提倡无条件地接纳自己，不管我们外表如何——美丽、平凡抑或丑陋；不管我们能力如何——过人、平庸抑或低人一等；不管我们性格如何——被人喜欢、不被人喜欢，等等，这些都是我们的一部分，所有这些构成了这样一个独特的我。

不争第一，做唯一就是第一

世界上没有两片完全相同的树叶，也找不到完全相同的两个人。也许自己没有聪明的头脑，没有健全的身体，没有漂亮的容貌，但是，我们是一个独立的个体。也许不能争取到第一，但只要把上帝的恩赐发挥到极致，就可以做自己的唯一。

22岁时，学设计专业的他来到北京创业，由于没有名气，很难从现有的设计市场里分得一杯羹。一天，他到北京的香河家具城去买一个衣柜，当他问老板有没有家具的宣传画册拿来看看时，没想到对方却说没有。

他灵机一动，于是他便说道，那我帮你做一个宣传画册吧，保准会带动你的销售量。但没想到老板摇摇头说，我们没有这笔预算。他说，你不用花钱，用家具换就行了。老板一想，说那好吧。

果然，当宣传画册设计出来并且分发给消费者后，这家家具店的销量上升了不少。不久后，“居然之家”的老总汪林鹏竟然亲自打电话找到他。没想到汪林鹏对他说：“听说你设计做得不错，那就给我做一张名片吧，”当时一盒名片只有20元钱，但他却干脆地答应了。第二天当他把名片送过来时，汪林鹏看后非常满意。但是他却说："汪总你们的 CI（企业标志）设计得不好。"汪林鹏一愣，说："那你给我们重新设计一个吧。"就这样他接到了居然之家这个 100 万元的设计单子，今天的居然之家标志就出自他之手。

2008 年，他计划策划和组织一届中国品牌节，但是如何选择举办场地却成了一个难题。他约到时任国奥投资的董事长张敬东，趁机说："如果能让中国 10 000 名企业家、1 000 个财经记者、100 个活动组织策划高手同时走进这里，那无疑是最大的宣传。"张敬东表示那太好了，他说，"你们那 100 万元一天，搞不起。"张敬东立即表示："不用不用，你来，只要能把国家体育馆的商业活动宣传出去。"

2008 年 10 月 1 日，第二届中国品牌节主会场在国家体育馆隆重举行，共 1.6 万多人参加，创造了国家体育馆赛后上座率的一个新纪录，成为赛后大型体育馆商业利用的典范，他也只象征性地交了些水电费。

他就是不争第一，只做唯一的品牌中国产业联盟的秘书长王永。

《中国好声音》哈林和那英团队的终极考核，这天晚上除了好声音，当王韵壹和吴莫愁站在舞台等哈林的决定时，哈林说："不能做第一，我们就做唯一！"这句话全面地解释了舞台上这么多歌手包括四位导师之所以能够被这么多人喜爱，不是因为他们的技巧有多高，而是他们很独特。

音乐界是这样，企业界其实也一样。中国人历来有一个以"大"为标志的习惯，中国还有一句不好听的话：傻大傻大。大得像个傻子一样的，那么大干吗？很多的企业，就在不断大、大、大，就像吹气球似的，不想大，又不得不大，为什么？它用现金流来维持着，那就麻烦了。

就像一个小孩有 90kg，看起来壮，但问题是，他是一个 10 岁的小孩就有 90kg 了，那不害死他啊！所以，你得考虑企业的生理年龄。生理年龄是什么？就是你的企业管理，你的企业文化，你的企业的一切，它们是不是同时成熟了。在没有成熟的情况下，你做那么大就是累赘。团队、文化、风格都不是一天、两天养得成的，如果盲目地大、快，就会出问题。我们不能以大为标志，而应以好为标志。

一个关于王蓝一的故事。1999 年，辽宁电视台招聘兼职主持人，她和同学决定给自己一次锻炼的机会。不料她们把面试时间记错了，赶到时，主考官正准备离去。她不知哪里来的勇气，将主考官堵在电梯门口，请求道："请给我们一个面试机会吧，也许我们就是你们要招的人！"

主考官破例让她们面试。结果，她清秀的外表和标准的普通话，令主考官非常满意，她被录用了！然而，兼职主持人的工作说起来好听，但每个月只有 200 元，而且台里不提供服装和化妆品。这样一来，她的压力反而更大了。同学们后悔当初劝她应聘，她却笑着说："虽然苦，但我喜欢主持人这个职业。我会挺住，我会成为一名优秀的主持人。"

2001 年，她看到 CCTV10 招聘天气预报主持人的信息后，冒着暴雨去应聘。凭着过硬的主持功底，她被录用了。由于主持人名额已满，栏目组希望新来的人员暂时去记者部。几个前来应聘的女孩子一听，撅着嘴说："我是来应聘主持人的，才不做记者呢！"但她非常珍惜到中央台工作的机会，当即高兴地答应了。

不久，广州遭遇强台风，有些记者担心安全问题，借口躲开这次采访，但王蓝一觉得条件越艰辛越能体现自己的工作能力，便主动请缨前往现场采访。那天，狂风暴雨吹得人睁不开眼，但她圆满完成了整个报道，给领导留下了深刻印象。

2008年，央视一套给节目增加新元素。经过层层选拔，她脱颖而出，开始主持《天气预报》节目。

回顾自己的人生之路，她感触最深、最具启示的是北漂生涯让她懂得只要认准目标坚持下去，就一定能得到命运的眷顾。她的座右铭是："也许你不是最优秀的，但记住，第一可以不争，但你一定要做唯一。请不要轻言放弃，无论何时，无论何地。"

与其天天吼着不切实际地争第一，不如脚踏实地全心全力地争唯一。每一朵花儿都有它开放的理由，它不会因别人的赞美而绽放得更加美丽，也不会因别人的厌恶而枯萎凋落，它始终相信自己，展现独特的美就是花儿坚持开放的理由！

做自己，就是不要随波逐流，不要赶流行，不要跟着大众的乐音起舞，因为流行的赢家永远只有极少数人，大多数人都变成衬托者，衬托别人的成功。每一个人，都可以成为唯一的自己，开发自己的唯一特长，在平凡中特立独行。

不放弃：持之以恒的力量

周鸿祎曾说：有不少年轻的同事觉得工作重复，琐碎，没意思。但我觉得重复里存在价值，关键是你能不能用脑子找到。无论勤能补拙，还是熟能生巧，持之以恒，都是重复。没有重复就没有专业化的社会。用脑子去重复就是为自己的未来打基础。

44岁的杰依·索伦森可以说是个普通的人。他大学没毕业就迫于生计开始为养家活口而奔波。他在汽车修理行干过一段日子，也做过房地产的经纪人。

有一天，杰依把一杯热咖啡洒到了身上。当时他想，一定有更好的办法为人们提供热咖啡，而不是用烫手的纸杯子。他左思右想，最后终于想出了一个主意——在杯子外面加个套。杰依先用纸做了一个模型，在纸杯上试来试去。一天，他在街上看到上面带着小泡泡的厚纸巾，眼睛霍然一亮。于是，他用硬纸板作材料，在上面压出一个个小泡泡，把它套在纸杯外面。这些小泡泡使人的手不直接和纸杯接触，因此端热咖啡的时候就不烫手了。杰依喜出望外，他先做了一些样品，然后找到一个纸产品加工商。他把生产工作交给加工商后，自己去参加商品展销会，开始推销这些产品。

杰依发现在离家不远的西雅图要举行一个展销会，于是他带着自己的样品赶去参加。回来的时候，他手上握着 100 多份合同。后来，他又在贸易杂志上打广告，参加了更多的商品展销会。在那些展销会上，他和妻子收集了许多参观者的名片。回来后，他俩就把杯套样品和介绍材料寄给这些人。很快就有许多人打电话和来信订购他们的产品。在投产 30 天后，他们就开始盈利了。

今天，杰依的贾瓦杯套公司共有四名雇员，年销售额已经超过 1 000 万美元。杰依认为，做事最重要的在于坚持不懈。"几乎每个人在一生中都会出现一些想法，如果他们坚持下去，也许就会成功。但是，他们出于很多原因，很容易就放弃这些想法。因此，我觉得最重要的是坚持下去，刻苦钻研。"

《荀子·劝学》中如此说："骐骥一跃，不能十步；驽马十驾，功在不舍；锲而舍之，朽木不折；锲而不舍，金石可镂。"可见，坚持是一个人成功最不可或缺的条件。英国文学大师约翰生也曾说过："成大事不在于力量的大小，而在于能坚持多久。"

《时间简史：从大爆炸到黑洞》是斯蒂芬·霍金的惊世之著。这位因患肌萎缩性侧索硬化症，被终身禁锢在一张轮椅上的伟大物理学家，能取得这样的成功，靠的是什么呢？勇敢、坚毅、自信固然不可少，但在其中最闪耀的便是坚定的信心和远大的理想、不懈的追求和顽强的毅力，以及毫不动摇的持之以恒的精神。由于持之以恒的精神，他驶向了智慧大海的彼岸，登上了科学的高峰。

1986 年，为了扎根于审计业，罗伟广白天工作，晚上学习，常常看书到凌晨一两点钟。寒来暑往、日出日落。

1992年，伴随着市场经济体制改革目标的确立，会计师事务所、审计事务所应运而生。为适应市场变化，机关干部纷纷参与到事务所的组建及相关工作中，罗伟广也名列其中。灵活的市场导向下，确立了以服务获得收入的新型关系，为此，整日奔波于各行各业的审计工作中。多年的摸爬滚打不仅锻造了精湛的专业技能，而且还为其积累了丰富的资源与广博的人际关系。

2003年开始了自主创业的历程。创业初期的艰难是无法想象的，每天只见出不见进，眼看自己东拼西凑的50万元就要花完了，他异常紧张，内心也极其复杂，他曾彷徨过，绝望过，甚至有时整个人都精神恍惚，但更多时候，还是坚信“面包会有的”。源于这种质朴的乐观，在“生死存亡”的关键时刻，他带领大家积极寻找“生之方向”。一方面，为了节约办公经费，他每天限制了自己开灯的时间，养成了随手关灯的习惯，甚至一个报告用几张纸都要登记；另一方面，在和客户签订合同时总积极争取预付，尽量早拿钱。实际上，表面温和的罗伟广，骨子里却透着一股百折不挠的精神，那时他不停地奔走在大大小小的客户中，反复与客户接洽，了解客户的需求，提升自我的服务。凭着这股韧劲儿，逐渐走出了困境。

2004年年底，他的事业出现了转机，他接手的一个审计项目，历经一波三折，最终顺利拿下，获得了50多万元的利润，如同久旱逢甘霖，这一下子激活了大家的心。有人问他“创业成功的保证”时，他稍显激动，“坚持到底就是胜利！”

学者曾说：“为什么很多聪明的人到了30岁之后却平平庸庸，反而是那些不怎么聪明但很专注的人到了30岁之后成绩渐现。”这是他的人生体会，他希望年轻人要尽快找到能让自己投入进去的东西，持之以恒地做下去。

很多人的心智不成熟，不是因为他们不愿意成熟，恰恰是因为他们没有好好年轻过。就像缺乏良好生长条件的植物，无法结出成熟的果实。心智不成熟，这不是个别，而是人类的心灵常态，能真正成熟强大的人是非常少的。所以这世界上才需要宗教、哲学、文学、艺术，这些东西能给纷乱的人生提供一些解释和慰藉。

因为只有持之以恒才会感到踏实，双脚站立在坚实可靠的地方，灵魂才能安宁。事业的持之以恒只是一种。只有做到了真正的持之以恒，才能向自己的内心提供一种稳定而强大的力量，同样是形而上的。而且，没有专注就不可能有真正的纯粹。内心充满干扰和喧哗，如何能抵达平静美妙的彼岸世界？

每一种花都有其开放的节奏

每个人都是世界上独一无二的奇迹。正如每一种花都有其开放的节奏，其实每一个人也都有其内在的生命节奏。每一个人都有绽放的可能，但每个人绽放的时间一定不会相同：有些花早早露出了笑脸；而有些花还在静静地积蓄力量。

丘吉尔是20世纪最伟大的政治家之一，第二次世界大战时曾担任英国首相。

丘吉尔曾因成绩差而放弃了考大学的念头，转考陆军士官学校而又两次落榜，第三次才考取。

丘吉尔少年时很淘气，而且对学科的好恶非常明显。他小学时的一位女班主任老师说：“我那时对丘吉尔的印象是：这个矮个子的红脸孩子是全班最淘气的孩子。我甚至还认为他不仅是在全班，而且是世界上最大的淘气包。”

他以最低的成绩考入了哈洛学校（英国一所历史悠久的公立中学）。

关于丘吉尔进入哈洛学校，还有一个秘闻——在入学考试中，丘吉尔的拉丁文考卷答案中，只有一个字母和钢笔水的污痕，当然不及格。可是，校长却说他合格，准许他入学。校长的理由是：伦道夫的儿子肯定不是那种劣等生。

在哈洛学校，他特别不爱学希腊语和拉丁语等古典语，成绩总是不及格。

丘吉尔回忆自己在哈洛学校的经历时说："我的老师们如果想到我年龄这么小却读那么难的书，而我的成绩又很差，似乎苦于难以断定我究竟是早熟，还是智力发展迟钝。"

世界英雄、征服者拿破仑、大军事家、法国皇帝拿破仑在学校读书时，成绩也不好，16 岁毕业于巴黎的军事学校，学习成绩只排在第 42 位。据传记载，他在校学习期间，除数学以外，其他学科的成绩都很糟糕。据说，在他一生中，不论是法语，还是别的外语，他都不能准确地说和写。他的身材矮小，头形又长得难看，小时候，他家里所有的人都认为这个孩子不会有什么出息。实际上，幼年时代的拿破仑是一个任性、粗野的孩子。

阿尔伯特 • 爱因斯坦是 20 世纪最伟大的科学家，在物理学方面引起一场大革命。小时候说话很晚，4 岁时，父母甚至认准"这个孩子智力发育太慢"。直到 9 岁，爱因斯坦还不能流利地说话。上学以后，他父亲听老师说："脑筋迟钝、不善交际、毫无长处。"老师们轻蔑地称他为"笨蛋"。14 岁，叔叔征得他父亲的允许，开始教他代数和几何学，经过努力获得了成功。

有位过完 80 岁生日的老人，在公园等人下棋的时候，碰到一位画家，攀谈中画家知道老人靠下棋打发日子，就建议老人不如学绘画。老人说："我连画笔怎么拿都不知道，怎么作画呢？"画家说："你可以去试一试呀。"老人一想，对呀，不试怎么知道呢？这一试，老人竟与绘画结下了不解之缘。几年以后，老人成了美国著名画家，此人就是哈里•利伯曼。

刘勇生于一个普通家庭。2005 年大学毕业后，他开始了艰难的求职之路。在各类招聘会上，他才发现来上海寻找工作的毕业生数以万计，尤其是他所学的计算机热门专业，更是多如牛毛。这时，父亲告诉他，上海大都市，机会虽多，但工作难找，生存压力大。与其这样，不如回二线的老家城市，从低处做起。

正好，老家的一家工厂缺少一名程序员，月薪 2 000 元多一点，很快，他愉快地接受了到手的第一份工作。这份工作难度不大，跟着原来的师傅学习了一个月，就熟练地掌握了全部流程。一年后，师傅去深圳谋职，他自然挑起了工厂电脑系统管理的重任。

此后，工作上，他一直兢兢业业，任劳任怨。慢慢地，从一名程序员升任为部门副部长、部长、副总经理。

2009 年，当地一家新开的四星级饭店招聘 IT 部门员工，他看中了这家连锁酒店的品牌，觉得在这样的大集团里能学到东西，职业发展前景更加广阔。于是，他辞去原来工厂的副总工作，来到饭店做了一名普通的 IT 员工。

刚来到酒店，与其说是在 IT 部门，不如说是维修工，哪里出问题就去哪里“救火”。

为了迅速适应这份新工作，他好像再次回到了大学时期，整天铆足了劲儿学习，来得比别人都早，走得比谁都晚，不到半年时间，因为技术过硬，他成为 IT 部部长。

后来，酒店召开一个大型项目推介会，他针对本地实际，最终推出了一个方案，最终以思路独特、操作性强，引起了酒店高层的注意。

2012 年 4 月，集团总部向他伸出了橄榄枝。最终，他成为集团华东区系统经理，重新杀回了上海大都市。

他说："低起点也能成功。其实每一个岗位，哪怕是最基层的位置，都有可以学习的地方。机会无处不在，只要你认真对待每一项工作，主动学习，主动提升自己，一步一步脚踏实地去做，就一定能达到目标。"

人为地打乱这个节奏，总会有隐患在其中。我们要让孩子慢慢成长，用心领悟爱和快乐，由他自己来控制成长的节奏。如果心急去逼迫他成长，也许反而会坏事。就像自然生长的蔬果一样，只需偶尔拔拔草，捉捉虫，最后结出的果实一定是最自然，最甜的。

鲜花朵朵，争奇斗艳，芬芳迷人。要是我们留心观察，就会发现，一天之内，不同的花开放的时间是不同的。凌晨四点，牵牛花吹起了紫色的小喇叭；五点左右，艳丽的蔷薇绽开了笑脸；七点，睡莲从梦中醒来；中午十二点左右，午时花开放了；下午三点，万寿菊欣然怒放；傍晚六点，烟草花在暮色中苏醒；月光花在七点左右舒展开自己的花瓣；夜来香在晚上八点开花；昙花却在九点左右含笑一现……

不同的植物为什么开花的时间不同呢？原来，植物开花的时间，与温度、湿度、光照有着密切的关系。比如，昙花的花瓣又大又娇嫩，白天阳光强，气温高，空气干燥，要是在白天开花，就有被灼伤的危险。深夜气温过低，开花也不适宜。长期以来，它适应了晚上九点左右的温度和湿度，到了那时便悄悄绽开淡雅的花蕾，向人们展示美丽的笑脸。还有的花，需要昆虫传播花粉，才能结出种子，它们开花的时间往往跟昆虫活动的时间相吻合。

不要拿他人的标准衡量自己

“智者千虑必有一失，愚者千虑必有一得，”不同的标准得出不同的结果。自己因拥有不尽的财富而感到幸福时，或许在别人眼中却是另一种遗憾；自以为拥有丰富的学识，或许在别人眼里只是另一种渺小。一把尺子注定无法衡量两个不相干的事物。

王静在市机关上班，同她一起在机关工作的还有一个同班同学，她们俩一起被分到那里，一起从基层干起。可是没过几年她的同学就高升了，并且是一升再升，一直被调到了省里工作，官越做越大。

可是她运气不好，她从开始在这个单位就一直没有升迁过，眼看着当初和自己一样的人高升了，而自己这么多年来还是在原来的位置上，嫉妒之感便油然而生。自己当初在学校的时候很优秀，为什么现在会沦落到这步田地？

由于心中的郁闷难以排解，她常常在下班后独自到酒吧买醉。这天醉酒之际，她碰到了最初和自己一起在机关工作的同学，借着醉意，她将自己心里的委屈全部说了出来，对着同学发了半天牢骚。

同学看着她心里如此难受就开导她，她听了之后恍然大悟。

同学告诉她，自己的价值是不能拿别人的标准来衡量的，人生在世最重要的是活出自己的精彩，拿别人的标准来衡量自己，盲目地改变自己，要求自己，并不能让自己像别人一样成功，相反还会失去自己的乐趣。为了避免陷入别人的标准中，攀比别人只会自寻烦恼，是不会有任何好处的。如果以没有高升的同学作为参照物，她也许并不至于如此斤斤计较，心情也不至于如此低落。经过开导，她彻底明白了，人们都有自己的活法，她应该有自己的生活。

玛丽·玛格丽特·麦克布蕾在初到广播界还是一名新人的时候，非常渴望成为一名喜剧演员，可总是失败，后来她发现自己朴实的风格也很招人喜欢，于是发挥了自己的本色，扮演了一个很平凡的乡下女孩子，结果成为当时最受瞩目的广播明星。

金·奥特雷刚出道之时，为了使自己像个城里的绅士，改掉他的乡音，便自称为纽约人，结果大家都嘲笑他忘本。但是他并没有因此而沉沦，他开始弹奏五弦琴的生涯，唱西部歌曲，谁知从这儿开始，他的演艺之路，开始走上正轨，并且最终成为在全世界享有盛誉的电影界和广播界明星。

除了他们，还有享誉世界的卓别林，因为有自己的一套方法，所以取得了前所未有的成功。在卓别林刚开始进入电影界的时候，导演让他模仿当时的一个非常出名的德国喜剧演员，可是卓别林却创出了一套自己的表演风格，因为这种风格备受人们喜爱，所以一举成名。

麦克斯·威尔医师在罗斯福执政期间，曾负责为总统夫人的一位朋友做手术。手术后，罗斯福夫人将他邀请到白宫做客，以表答谢。夜晚夫人要求他留宿，当天夜里他睡的那一间房子林肯总统曾经住过，为此他感到无比荣幸。于是那天晚上他兴奋地失眠了。

第二天早上，他下楼来，看见夫人已经在等他用餐，但是这时问题出现了。仆人端上来一盘鲈鱼，他向来不吃鲈鱼的，因此他看着那盘鲈鱼，心里打起了小鼓。这时夫人指着总统说总统很喜欢吃鲈鱼，很好吃，希望他也能喜欢吃。他考虑了一下，觉得总统喜欢吃的鱼应该也很好吃吧。于是他就勉强地吃下了两块鲈鱼。可是结果呢？从吃下鲈鱼开始，他浑身上下不舒服，一直想吐。

后来，麦克斯一直思索，这件事有什么意义呢？后来经过很长时间的思考，他终于得出一个结论：很简单，其实他一点儿也不想吃鲈鱼，而且根本也不必吃，而他觉得总统能吃，自己为什么就不能呢？所以他背叛了自己。虽然这是件小事，很快就过去了，可是换个角度想，这不正是许多人为了成功最常碰到的陷阱之一吗？

不同的标准就如一枚铜币的两面，自己不卑下；自己不优越；自己只是自己。自己身为一个人，不必与别人比较高下，因为地球上没有人和自己一样。自己是一个人，自己是独一无二的，自己不像任何一个人，也无法变得像某一个人，也没有人要某一个人来像自己。上帝并没有创造一个标准人，也没有在某人身上贴上标签说：这个才是标准人。上帝造人，有高矮、大小、肥瘦、黑白、红黄之别，他并不偏好某个大小、形状与肤色。

青菜萝卜，各有所好；蟹有蟹道，蛇有蛇规。情人眼里出西施，孩子都是自生的好。术业有专攻，各有各的审美标准，不能用自己的标准去衡量别人。“人比人气死人”，永远不要想着诸如“他为什么不能和我一样呢？”把两个不相干的人拿来比较，最后也只不过得出一个自以为谁比谁好的结果。

在追求成功的过程中，要找准自己的位置，不能盲目地拿别人的标准来要求自己，给自己一个准确的定位，发挥自己出色的才智，才能成功。一定要给自己一个准确的定位，在自己的岗位上以良好的状态发挥自己的聪明才智，才会受到更多人的尊敬和赏识，只要做到这一步，离成功也就不远了。

逆袭：你只需比昨天的自己更好

管理学有一个“蝴蝶效应”。纽约的一声风暴，起因是东京有一只蝴蝶在拍翅膀。翅膀的振动波，正好每一次都被外界不断放大，不断被放大的振动波越过大洋，结果就引发纽约的一场风暴。每天进步一点点，也会像风暴一样助自己腾飞。

高中的时候，张亮在班里学习中下等，读的是中专。

高中毕业后，张亮灰溜溜地去读了一所两年制的中专会计，他感到非常自卑，觉得自己这辈子完了。

为了毕业后能找到满意的工作，张亮就开始考财会专业的大专文凭。

毕业后的第二年，张亮的大专文凭拿到了，辞职去了北京，在一家家具厂做会计。在找工作的过程中，报考了助理会计师，然后是会计师。到通过了会计师以后，他就考注册会计师。

为了省钱，张亮住在搭建的小屋里，屋里没有暖气，冬天夜里，张亮边看书边跺脚取暖。感冒的时候打点滴，还趴在床上看书。

取得了会计师资格证书后，张亮辞职去了中关村某单位做会计。白天工作，晚上学习，每天凌晨两点前根本没有睡过觉。那几年，给张亮最深刻的感受就是太困。

那个时候，吃饭、租房子、周末上辅导班的学费、书籍、报考费等花销很多，钱根本不够用，他不舍得吃好菜，穿得也很寒酸，后来，老总暗示张亮衣着不能影响公司的形象，他才花了 300 元，买了套假名牌西服，下班回到家后就赶快挂起来，因为怕皱了。

张亮终于通过了注册会计师的考试。拿着注册会计师的证书，进入一家外企财务部上班，3 年后，被提拔为财务部主管，如今年薪 50 万元。

每天改掉小的坏习惯：改掉了一个长期的坏习惯，你的心态和生活都会立马得到改善。

如果早点起床，我们可以抽出些时间学习，不但会更加有效率，还会减少生活中的压力。

把计划好自己的生活并写下来：我们担忧和焦虑的主要原因，在于我们对自己目前所做的计划并不十分自信。如果你写下潜意识里觉得应该做的会让你未来更美好的计划，生活中的担忧便会减少。用笔和纸写下计划会让你潜意识觉得这件事情已成定局，这样你的心里要比你毫无计划时踏实得多。

调整饮食习惯：你喝的水够吗？你知道吗？如果身体缺水你会容易疲劳；不健康的食物会让你不开心；你的心情在很多情况下可以反映你的整体健康状况。一旦你开始吃健康食品，有了一个均衡的饮食安排，你的健康和生活便会更好。

向某人道歉：最近和别人有争执吗？有人现在正因为你对他干的一些事而伤心难过吗？给那个人打电话，说句对不起吧，这样不但会让别人开心，你自己也会因不再愧疚而感到开心。

从前，有个年轻人和母亲相依为命，生活相当贫苦。

后来年轻人由于受不了清苦的生活，想学习生财之道，又无门路，于是迷上了求仙拜佛。母亲见儿子整天念念叨叨，游手好闲的痴迷样子，苦劝过几次，但年轻人对母亲的话不理不睬。

有一天，这个年轻人听到别人说起远方的山上有一位得道的高僧，心里不免仰慕，便瞒着母亲偷偷从家里出走了。

他一路跋山涉水，历尽艰辛，终于在山上找到了那位高僧。高僧热情地接待了他。席间，听完他的一番自述，高僧沉默良久。当他向高僧问佛法时，高僧开口道："你想致富并不难，我可以给你指条道。吃过饭后，你立即下山，每天多耕一点点地，自然会出现一大笔财富。"

年轻人觉得这有何难，于是半个月耕十亩地，其母紧随其后把种子播下。可觉得没成效，又一路跋山涉水，历尽艰辛，去见高僧，生气地说："我按你说的办法半月过去了，怎么没有金子呢。"高僧说："你现在可以回去了，看看地里有没有金子。"

年轻人回到地里一看，种下的粮食金黄金黄的，沉甸甸的。他大悟。

聪明人都知道，1.01 的 365 次方等于 37.8，0.99 的 365 次方等于 0.03，每天比昨天好百分之一和每天比昨天差百分之一，结果相差更是惊人 37.8/0.03=1 260 倍。要实现自己的目标改善生活需要花费不少时间。这个事实毋庸置疑，但我们也可以做一些小的改变，来使得自己的生活在几周甚至几天之内得到改善！

当然不可能一夜之间实现自己的人生目标，但绝对可以通过一些小事来使自己的生活立马得到改善。这些都是你可以做的。

每天多做一点简单的小事并不难，但足以让我们的生活变得更好。